성공하는 상세페이지의 9+1 전략

나재영 지음

e 비즈북스

성공하는
상세페이지의 9+1 전략

나재영 지음

e비즈북스

차례

프롤로그 – 24시간 쉬지 않고 일하는 상세페이지 … 008

PART 1
알기만 해도 매출 상승, 상세페이지 상식 다섯 가지

온라인 판매자의 80퍼센트가 가지고 있는 편견 … 016
진짜 온라인 스토어는 100퍼센트 광고빨일까 | 뭐든 0을 곱하면 0이다

제품을 보는 눈, 키워드 … 021
키워드 모으는 방법 | 구매 키워드를 찾는 가장 좋은 방법 | 고객의 구매욕구가 모이는 지점, 키워드

구매욕구의 두 가지 지점 … 038
고객의 니즈 | 고객의 원츠 | 니즈 VS 원츠 | 당신의 브랜드 제품은 어느 쪽인가

상세페이지 디자인의 목적 … 046
이것도 디자인입니까? | 촌스러운 디자인 그대로 | 자신의 만족을 위한 디자인 | 텍스트 대신 이미지, 이미지 대신 영상
Special page 디자인의 역할은 휴리스틱 … 057

문제는 노출, 유입, 전환 세 박자에 있다 … 059
첫 번째 문제 노출, 당신의 제품을 아무도 모른다 | 두 번째 문제 유입, 제품에 흥미가 없다 | 세 번째 문제 전환, 제품을 구매하지 않는다 | 첫 번째 해결, 아웃바운드와 인바운드 | 두 번째 해결, 썸네일과 광고 소재 | 세 번째 해결, 상

세페이지 개선 | 네 번째 해결, 재구매 | 세일즈 퍼널을 적재적소에 적용하기
| 잘 만든 상세페이지
Special page 상세페이지, 대충 만들어도 팔리던데요 … 077

실전!
상세페이지 구조 파헤치기

잘 파는 업체, 이렇게 조사했습니다 … 082

잘 팔리는 상세페이지 9+1 단계 구조 … 084

핵심 gif, 이 제품만이 가능합니다 … 092
고객의 호기심을 자극하는 방법 | 주로 쓰이는 표현 방법 | 세 줄로 요약하기

판매 증거, 많은 분이 구매했습니다 … 101
실구매 고객의 리뷰 | 체험단, 셀럽의 리뷰 | 지금까지 판매된 양

판매 관리, 무사히 보내드립니다 … 115
고객에게 발송마감 시간 알려주기 | 바로 연락할 수 있는 고객센터 정보 | 상품 검수 과정 보여주기
Special page 잘 만든 고객센터 배너 하나가 CS 비용을 줄인다 … 121

인증, 전문 기관이 보증합니다 ··· 124
인증을 드러내는 방법 | 붙일 수 있는 마크는 모두 붙이기

메인 이미지, 사용하는 모습을 상상해보세요 ··· 131
브랜드 카피 등장 | 옵션 넣기

문제, 당신의 고민을 해결해드립니다 ··· 138
시간 낭비 | 돈 낭비 | 노동력 | 건강, 위생, 안전 | 사회적 관계
Special page 문제를 구체적으로 말하는 카피의 공식 ··· 146

상세 이미지, 이제 꼼꼼하게 살펴볼까요? ··· 149
디자인해야 한다는 압박 | 똑똑하게 우리 제품 비교하기

공감, 우리 브랜드는 영혼이 담겨 있습니다 ··· 155
내 브랜드를 어떻게 표현할까?
Special page 오프라인 판매만 해도 충분하다고요? ··· 158

콜투액션, 지금 바로 구매하세요 ··· 160
콜투액션의 일곱 가지 방식 | 콜투액션의 명분

상세정보, 궁금하시면 언제든 문의주세요 ··· 171
제품 정보 | 비용을 줄일 고객센터 정보
Special page 다른 상품 추가 제안하기 ··· 181

상세페이지 디테일 살리기

클릭이 쏟아지는 썸네일의 세 가지 법칙 … 186
똑같은 상품 더 잘 파는 방법 | 첫째, 세부키워드에서 이미지 뽑아내기 | 둘째, 의외성으로 차별화하기 | 셋째, 이벤트 키워드로 혜택 강조하기 | 카테고리의 특수성을 고려하자

Special page 썸네일에 사람 얼굴을 넣는 이유 … 196

모바일 최적화가 최우선 … 199
PC 웹에서 모바일 체크하기 | 모바일 최적화 체크리스트

Special page 고객을 집중시키는 상세페이지 단계 구분 … 207

상세페이지의 변형, 스토리형 상세페이지 … 210
스토리형 상세페이지의 특징 | 스토리형 상세페이지의 구조

에필로그 - 경험하며 배우게 되는 것들 … 222

프롤로그

24시간 쉬지 않고 일하는 상세페이지

자신만의 사업을 일구고 있는 대표님들을 만나보면 항상 듣는 이야기가 있다. '인사'가 제일 중요하고 어렵다고. 인력을 얼마나 적재적소에 기용하느냐에 따라서 대표의 능력이 갈린다. 말마따나 사람들을 교육하고 브랜드와 한 팀을 이룬다는 건 정말 힘든 일이다.

그런데 24시간 브랜드를 위해서 쉬지 않고 일하는 사람이 있다고 하면 어떨까? 잠도 자지 않고 우리 브랜드 제품을 좋아할 만한 사람들을 찾아서 쉼 없이 고객들을 설득하는 사람. 그런 사람만 있다면 브랜드는 꾸준히 매출을 올리고, 이를 바탕으로 새로운 발판을 만들 수 있을 것이다. 대표는 일대일로 사람들과 만나 설득하는 시간을 들이는 대신, 한숨 돌릴 수도 있다. 그 시간에 브랜드의 장기적인 전략을 세울 수도 있을 것이다. 제품을 새로 개발하는 일도 가능하다. 대표인 당신 대신에 당신만큼 열심히 일하는 사원이라니. 모두가 꿈꾸는 일 아니겠는가.

그런 사원이 도대체 어디에 있을까? 답변이 시시하게 느껴질 수도 있지만, 상세페이지가 바로 그런 존재다. 우리는 상세페이지를 단순히 이미지 파일이라고만 생각할 수 있다. 그러나 관점을 달리하면 나 대신 온라인상에서 일하는 판매사원으로 볼 수 있다. 실제로 상세페이지는 내가 잘 때도 일하고 사람을 끌어모은다. 24시간 문을 닫지 않고 사람들에게 내 제품을 소개한다. 상세페이지 디자인에 신경 쓰지 않는다는 건 이런 기회들을 모두 놓친다는 것과 다름없다. 그 판매사원을 유능하게 만드는 것은 바로 대표인 나의 몫이다.

능력 있는 판매사원을 뽑는 것처럼 전환율이 높은 상세페이지를 만들어야 한다. 실제로 상세페이지가 설득력이 있는지 끝없이 판단해야 한다. 그렇게 제작한 상세페이지가 여기저기에 다닐 수 있도록 여러 플랫폼에 소개해야 한다. 그리고 누적된 경험치를 바탕으로 상세페이지를 보수해줘야 한다. 판매사원을 새로 교육하는 것처럼 말이다. 이 책은 그저 그런 판매사원을 유능한 판매사원으로 만들 수 있도록 돕는 책이다.

경험을 바탕으로 생긴 지식

본격적인 이야기에 들어가기에 앞서, 잠깐 이 책을 쓰게 된 계기를 소개하려고 한다. 필자는 원래 판매와는 무관한 웹디자이너였다. 그러니 당연히 '제품'과 관련이 없고 '판매'와도 관련이 없었다.

우연한 기회로 뜻이 맞는 사람들과 크라우드 펀딩을 하게 되었다. 아주 가벼운 마음으로 시작했기 때문에, 따로 예산이 있지도 않았다. 커피 기프티콘 두 장으로 광고를 돌렸던 프로젝트가 성공해 한 달 만에 판매량의 2700퍼센트를 달성했다. 1만 원 상당의 제품이 3000개 정도 팔린 것이다.

그 뒤로 제품을 개발하기도 하고, 그 제품을 거리에 나가서 팔아보기도 하고, 한 번도 보지 못한 상품을 인터넷에서 팔아보기도 했다. 크라우드 펀딩부터 쿠팡, 스마트스토어까지 섭렵했다. 내가 상세페이지를 구성해서 팔아보기도 했고, 다른 사람의 제품을 팔아보기도 했으며, 제공받은 상세페이지를 조금 편집해서 팔기도 했다. 제품 구성을 다르게 해보면서 다양한 판매방식을 섭렵했다. 정말 파는 형태의 일이란 일은 다 해본 것 같다. 이 경험을 바탕으로 상세페이지를 만드는 일을 전문적으로 시작하게 되었다. 한 번도 제품을 팔아본 적 없는 신생 브랜드부터 이미 승승장구하고 있는 상장된 브랜드의 제품까지, 다양한 분야의 상세페이지를 기획하고 구성하는 일을 하게 되었다. 지금은 그 과정에서 얻게 된 노하우를 여러 사람과 나누며 더 잘 팔리는 상세페이지를 연구하고 있다.

　이 책은 상품을 판매하면서 알게 된 상세페이지 지식을 종합해 담은 결과물이다. 상세페이지 기획 구조부터 제작 과정에서 꼭 챙겨야 하는 유용한 팁, 어떤 식으로 카피 방향을 정해야 하는지까지 고루 담았다. 판매를 경험한 사람으로서, 또 디자이너로서 알게 된 지식이 합쳐져 시너지를 일으키는 부분이 분명히 있을 것이다. 또한 잘 팔리는 업체들을 조사한 내용을 바탕으로 한 새로운 노하우를 나누려고 한다. 처음 판매하는 분들도 이해하기 쉬운 언어로 풀어내려고 애썼다. 이를 보고 혼자서도 쉽게 상세페이지를 수정하실 수 있을 것이라 자부한다. 내 제품을 판매하기 위해 24시간 분주하게 일하는 판매사원을 둔다는 건 꿈 같은 일이 아니다. 판매가 잘돼서 판매페이지를 왔다 갔다 하며 새로고침 키를 계속 눌렀던 경험이 있다. 판매량이 실제 통장의 숫자로 가시화되고 이런 노하우가 실제로 적용 가능하다는 것을 확인하게 되었다. 상세페이지는 내가 편하게 일상을 보내고 다른 일을 하더라도, 성실하고 끈질기게 고객들을 붙잡으며 우리 제품을 PR한다. 지금부터 어떻게 하면 그런 판매사원을 고용할 수 있는지 알아볼 것이다.

결국 사람이 팔고 사람이 산다
온라인 판매에 대한 관심이 높아지면서 판매 노하우에 관한 콘텐츠가 늘었다. 특히 각 플랫폼에서 어떻게 판매해야 하는지 세부적으로 알려주는 내용이 크게 늘었다. 그런데 막상 그런 콘텐츠를 접하고 나면 배울 것만 계속 늘어나고 머릿속이 복잡해지는 경우가 많다. 인스타그램에서 판매하기, 스마트스토어에서 판매하기, 쿠팡에서 판매하기…. 이런 식으로 끝없이 카테고리가 늘어난다. 배워야 할 게

태산이다. 하지만 다행스러운 것은 온라인 판매에 대한 기본 상식을 알아두면 다른 플랫폼에 적용할 때 시간이 적게 든다는 것이다. 플랫폼 특성에 따라 변형시켜야 하는 것은 사실이지만, 기본적으로 판매도 결국 사람이 팔고 사람이 산다. 이러한 상식에 기반하여 판매가 일어난다는 의미다. 반면에 원칙을 알지 못하면 끝없는 배움을 시작하게 된다. 결국 제풀에 지쳐서 시장에 나서는 것을 주저하게 된다. '이걸 어느 세월에 다 배우나'라고 생각하게 되는 것이다.

이제부터 온라인 판매가 어떻게 일어나는지 이론적인 부분에 대해서 알아볼 것이다. 온라인에서 어떤 방식으로 판매되는지 이해하고 나면 그 뒤에는 얼마나 꾸준하고 성실하게 고민하느냐에 따라서 판매량이 달라진다. 그리고 판매자에게 펼쳐진 기회도 달라진다.

지금부터 글을 읽고 차근차근 따라오면 된다. 판매도 구매도 사람이 한다. 이 점을 잊지 않는다면 이 글을 읽는 독자분들도 본인의 스토어를 위해 열심히 일하는 유능한 영업사원을 구할 수 있을 것이다.

PART 1
알기만 해도 매출 상승, 상세페이지 상식 다섯 가지

온라인 판매자의 80퍼센트가 가지고 있는 편견

초보 판매자들이 잘 모르는 온라인 판매 상식이 있다. 그런데 이 상식이 때로는 과도하게 자리 잡아 편견에 빠질 때도 있다. 그리고 이런 편견은 온라인 판매를 처음 시도하는 사람에게 잘못된 정보를 제공하게 된다. 다행히 오프라인 스토어와는 달리, 온라인 스토어에는 구체적으로 성과를 추적할 방법이 있다. 이를 제대로 활용할 수 있다면 어떻게 판매해야 할지 감이 잡힌다.

진짜 온라인 스토어는 100퍼센트 광고빨일까

카페에서 있었던 일이다. 어쩌다 보니 옆자리에 앉은 어떤 대표님의 고민을 엿듣게 되었다. 대화 맥락상 판매를 하는 한 대표님이 다른 대표님과 고민을 이야기하는 것처럼 보였다. 내용을 요약하면 이러했다.

"그거 다 광고라서 (커머스 플랫폼에) 올려도 안 팔릴 거예요. 다들 광고 비용으로 매출 올리는 거거든요. 광고 비용 다 내다보면 순이익이 진짜 거의 안 나요. 제품 팔릴 때마다 몇 백 원? 그런데 우리 인건비 생각해보면 적자라고 보면 돼요. 저는 그냥 지금처럼 직접 판매하는 게 나을 것 같아요."

그 사장님은 결국 온라인으로 제품 판매하는 것을 포기했다. 그 이유는 바로 광고비를 많이 써야만 판매가 일어날 거라는 믿음 때문이었다. 결론부터 말하면, 광고비가 제품 판매에 큰 영향을 주는 것은 사실이다. 뒤에서 자세히 설명할 테지만, 판매에 관한 '세일즈 퍼널'이라는 개념이 있다. 간단히 설명하자면, 세일즈 퍼널은 고객이 제품을 구매하게 되는 경로를 의미한다. 그 경로는 노출, 유입, 전환 세 박자로 구성된다. 이 경로에서 노출은 광고비로 늘릴 수 있다. 광고비가 늘어나면 유입도 늘어나고, 유입에 비례해서 구매가 늘어난다. 즉 광고비를 쓰는 만큼 제품이 팔린다는 뜻이다.

그런데 이런 생각에만 기반해 판매하는 분들이 있다. 놀랍게도 어떤 분들은 제품을 판매하기 위해 적자 장사를 한다. (일단 막대한 광고 비용을 감수하고 시작해야 한다고 생각하는 분들이 생각보다 꽤 많다.) 그렇게 매출을 일으키다가 언젠가 우리 브랜드가 알려지고 나면 적자를 개선할 수 있다는 믿음 때문이다. 판매량을 늘려서 상품 지수가 높아지면 우리 스토어가 상위노출될 테고 그때 수익을 내면 된다는 생각이다. 사람마다 생각이 다르기 때문에, 굳이 이 생각이 틀렸다고 하고 싶지는 않다. 하지만 광고의 유무가 모든 것을 결정한다고 믿는 건 틀렸다. 광고비를 쓰지 않아도 팔 수 있다. 이 책에서 다룰 상세페이지 덕분이다. 물론 노출이 적기에 유입량도 적겠지만, 일단 유입된 고객을 붙잡는, 즉 전환율을 높이는 상세페이지를 만들면 얼마든지 팔 수 있다. 한 줌뿐인 고객이라도 말이다.

뭐든 0을 곱하면 0이다

광고가 상품 판매의 모든 것이 아닌 이유는 아주 간단하다. 다음 수식은 제품 판매량에 관한 수식이다. 제품이 판매되는 양은 유입량과 전환율을 곱해서 산출한다.

> 제품 판매량 = 유입량 x 전환율

많은 사람이 봐야 관심을 가지는 사람도 자연스레 많아질 테니, 유입량은 광고량의 영향을 받는다고 봐야 한다. 그런데 여기서 한 가지 상황을 가정해보자. 유입량이 엄청나게 높은데, 전환율은 0퍼센트인 스토어가 있다. 그렇다면 이 스토어의 제품 판매량은 어떻게 될까? 당연히 0이다. 유입량이 100이든 1000이든 1억이든 간에 0퍼센트를 곱하면 0이 된다. 그런데 정말 많은 판매자가 상대적으로 유입량보다 전환율에 대한 고민을 '적게' 한다. 어떻게 하면 우리 제품을 많은 사람에게 노출할 수 있을지, 어떤 광고를 사용하면 효율적인지에 대해서만 고민하는 것이다. 그런데 문제는 전환율에 있을 수 있다. 상세페이지가 잘못되어 전환율이 0퍼센트에 가깝다면 광고비만 소진하다가 끝나는 것이다.

반대로 유입량에 신경 쓰면서 전환율도 함께 체크하면 어떨까? 광고비를 소진하는 속도보다 상품 판매량이 훨씬 커지게 된다. 그걸 우리는 효과적인 광고라고 한다. 예를 들어, 100명이 광고를 봤을 때 딱 한 명이 구매하는 경우도 있고, 열 명이 구매하는 경우도 있다. 이때 열 명이 구매하게 만드는 광고를 광고효율이 높다고 말한다. 광고를 본 사람 중에 10퍼센트는 구매한 것이니 말이다. 당연하게도 광고효율이 높아질 때 광고비로 인한 흑자를 만들 수 있다. 전환율을 높여서 100번 사람들에게 노출했을 때 열 명은 구매하게끔 만드는 것, 이것이 광고효율을 높이는 방식이다.

다행스럽게도 여기까지 읽은 독자는 굉장히 운이 좋다. 앞서 언급했듯이, 판매자 대부분이 상세페이지에 거의 신경 쓰지 않는다. 이 책을 선택한 독자는 평소 상세페이지에 대한 고민이 있는 분일 것이다. 하지만 대부분의 판매자는 그렇지 않다. 정말이다.

상세페이지 디자이너로 일하면서 그냥 적당히 만들어달라는 요청을 수없이 받았다. 하나의 상세페이지를 여러 플랫폼에 그대로 복사, 붙여넣기 해서 판매하는 경우도 정말 많다. 또는 몇몇 브랜드를 기준 삼아서 본인에게 맞지 않는 옷을 입고 어정쩡하게 제품을 어필하는 분도 정말 많다. 흔히 온라인 스토어 시장이 레드오션이라고 말하지만, 따지고 보면 똑똑하게 준비해서 시작하는 분이 거의 없다. 그러기에 지금 이 책을 읽고 있는 독자는 엄청난 찬스를 맞이한 것이다. 원래 아무리 사소하더라도 남들이 하지 않는 일을 하게 되면 경쟁력이 생길 수밖에 없다. 특히 이 책은 이런 분들에게 도움이 된다.

- 처음 자사 브랜드 제품을 만들어서 판매해보는 분
- 제품 판매 광고효율이 낮아 고민인 분
- 특정 카테고리의 제품을 전문적으로 판매하고 있는 분

책을 끝까지 본 분들은 새로운 온라인 판매시장에 들어가는 것을 주저하지 않았으면 좋겠다. 필자가 카페에서 만난 대표님이 온라인에도 진출했으면 어떻게 됐을까? 결과는 아무도 모르는 일이다. 편견에 사로잡혀 새로운 기회를 시도해보지 않고 포기하는 것은 너무 안타까운 일이다. 온라인 시장은 포기하기에는 너무나 큰 시장이다. 지금도 끊임없이 커지고 있다.

광고 없이 팔아본 경험이 없었다면, 온라인 판매에 편견을 가졌을지도 모른다. 그러나 광고 없이 판매하는 경험을 해보고 이를 다른 플랫폼에 적용해봤기 때문에, 자신감이 생겼다. 우리 제품을 어떻게 하면 설득력 있게 보여줄 수 있을까? 사람이 사람에게 말을 건다고 생각하고 다가가면 구상하기 쉬워진다. 다시 한번 강조하지만, 사람이 팔고 사람이 산다.

제품을 보는 눈, 키워드

처음 제품을 판매하는 분이 많이 착각하는 것 중의 하나는 온라인 사업을 오프라인 기반으로 생각한다는 점이다. 우리가 빵집을 개업 했다고 가정해보자. 사람들은 자연스럽게 개업한 빵집 근처를 지나 가다 간판이나 인테리어를 보고 '저기에 빵집이 생겼네. 다음에 가봐 야겠다'라고 생각할 것이다. 그러니까 굳이 찾아보지 않더라도 이미 지로 발견하는 것이다. 검색하지 않는 것이다.

한편 우리가 인터넷에서 빵을 주문한다고 가정하면 어떨까? 일단 검색창을 켜고, "빵"이라는 텍스트 키워드를 검색해야 한다. 크루아 상이면 크루아상, 식빵이면 식빵, 적절한 키워드를 입력해야 한다. 이 쯤에서 몇몇 분들은 눈치채셨을 것이다. 바로 키워드다.

▲ 한국 소비자가 가장 많이 사용하는 네이버 검색창

우리는 구글로 이미지 검색을 할 수 있다. 핀터레스트도 이미지 기반으로 콘텐츠를 검색해주기 때문에, 어떤 이미지를 누르면 굳이 키워드를 입력하지 않더라도 비슷한 이미지가 추출된다. 하지만 대체로 사람들은 여러 채널에서 대부분 키워드로 검색한다. 네이버 스마트스토어와 쿠팡을 생각해보자. 대부분 키워드로 제품을 검색한다. 달리 말하면 사람들의 구매의지가 키워드를 통해서 노출된다는 뜻이다.

만약 원룸에 적합한 미니 공기청정기를 판매한다고 가정해보자. 사람들은 어떤 키워드로 검색해서 유입될까? 그냥 '공기청정기'라고 검색해서 상세페이지에 유입되는 사람들도 있지만, 더 구체적으로 '미니 공기청정기'라고 검색하는 사람도 있을 테고, '원룸 공기청정기', '1인용 공기청정기'라고 검색하는 사람도 있을 것이다. 그러면 '공기청정기'라고 검색하고 들어온 사람과 '미니 공기청정기'라고 검색해서 들어온 사람 중에 누가 더 구매할 확률이 높을까?

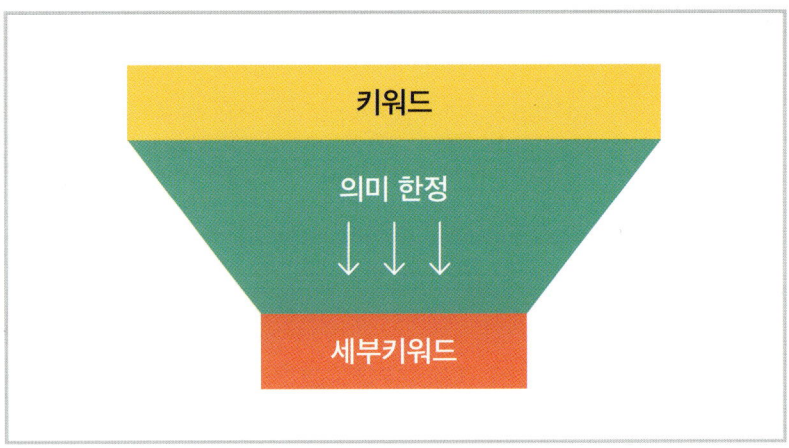

▲ 키워드와 세부키워드의 개념

당연히 '미니 공기청정기'라고 검색한 사람이 들어올 확률이 높을 것이다. 왜냐하면 고객이 찾던 미니 공기청정기가 우리가 파는 제품과 일치할 확률이 높기 때문이다. '공기청정기'라고 검색해서 들어온 사람 중에는 산업용 공기청정기를 찾는 사람도 있을 것이고, 반려동물을 키우는 집에 적합한 공기청정기를 찾거나 여러 명이 생활하는 곳을 위한 대용량 공기청정기를 찾는 사람도 있을 수 있기 때문이다.

'공기청정기'라는 키워드는 굉장히 범위가 넓다. 이 점을 반드시 기억해야 한다. '미니 공기청정기'라고 검색해서 들어오는 사람이 바로 우리가 놓치지 말아야 할 타깃이다. 고객이 원하는 바로 그 제품이 우리 스토어에 준비되어 있으니 말이다. 그런데 우리가 니즈에 딱 맞는 제품을 준비한 것과 별개로, 고객이 그 사실을 알아차리는 것도 중요하다. 고객이 썸네일만 보고도 '이 스토어가 내가 원하는 걸 준비해두었구나!' 하고 생각하게 만들어야 한다는 뜻이다. 진수성찬을 차려 놓았는데, 가게 입구 간판(썸네일)이 달라서 고객이 들어오지 않는다면 얼마나 안타깝겠는가.

이 세부키워드를 이용하면 고객이 스토어에 유입되도록 만들 수 있다. 그래서 세부키워드와 관련한 강의나 프로그램, 웹사이트도 굉장히 많다. 딱 이 부분을 배우기 위해서 수백만 원의 비용을 지불하기도 한다. 어떤 키워드가 경쟁률이 낮은지 파악하고, 어떤 키워드가 광고효율이 좋은지 알려주는 것이다. 예를 들면 이렇다.

내가 핸드폰을 팔 때 '스마트폰'이라는 키워드로 올릴지, '아이폰'이라는 키워드로 올릴지, '휴대폰'이라는 키워드로 올릴지 결정하는 것에 따라 매우 많은 게 바뀐다. 만약 '스마트폰'이라는 키워드로 제품을 올리게 되면 '핸드폰'이라고 검색하는 사람들에게는 내 제품이 노출되지 않을 가능성이 크다. 같은 제품이더라도 내가 어떤 키워드로 제품을 표현하는지에 따라 유입수가 달라지는 것이다.

상품 제목에 어떤 키워드를 쓸지는 다른 상품과의 경쟁률이나 트렌드와 연결되어 있다. 내가 쓰려는 키워드에 수많은 경쟁자가 있다면 어떨까? 그 키워드를 통해 고객을 만날 확률이 줄어들 것이다. 자연스럽게 검색량은 높되 상대적으로 경쟁자 수가 적은 키워드를 찾게 될 것이다. 반면 상세페이지 이미지는 자유로운 편이다. 내 상품을 잘 표현할 수 있는 키워드를 선택해야 한다. 이미지 기반으로 검색하는 것이 아니기 때문에, 경쟁자를 고려하기보다는 내 상품에서 고객이 원하는 바를 잘 나타내야 한다. 이렇게 키워드 검색량과 경쟁자 수를 체크해야 한다는 점에서 상세페이지 노하우와 다른 개념이다.

또 한 가지 표현 방법이 다르다. 예를 들어 '미니 공기청정기'라는 키워드로 올린 것과 이미지로 미니 공기청정기임을 보여줘야 하는 것은 다르다. '미니 공기청정기'라는 키워드로 올리면 다른 부가적인 설명이 필요 없다. 텍스트 자체에 '미니'가 들어가 있기 때문이다. 하지만 이미지로 미니 공기청정기를 보여줘야 한다면 어떨까? 그럼 공기청정기의 크기를 가늠할 수 있도록 설명이 포함된 이미지를 써야 할 것이다. 우리가 익히 알고 있는 손 크기와 비교한다든가 테이블 위에 올려놓는다든가 하는 방식으로 말이다. 그러면 고객은 원하는 제품인지 단번에 알 수 있다.

아직 이미지는 검색 영역에서 크게 비중 있지 않다. 웹상에서 정보를 수집하는 로봇은 텍스트, 즉 키워드를 기반으로 돌아다닌다. 마찬가지로 쇼핑 채널도 아직 텍스트 기반으로 정보를 처리한다. 그래서 이미지는 철저하게 보는 고객, 인간의 시각적 영역에서 처리되어야 한다.

다음 이미지를 보면 손전등을 손으로 집은 모습을 확인할 수 있다. '미니 손전등'이나 '휴대용 손전등'이라는 키워드로 검색해 들어온 사람들이 이런 이미지를 보면 무엇을 유추할 수 있을까? 구체적인 크기를 적거나 '작은 사이즈'라고 명시하지 않아도 크기가 어느 정도인지 직관적으로 알 수 있다.

▲ 크기를 명시하지 않아도 직관적으로 알 수 있는 이미지

고객이 검색한 키워드를 바탕으로 원하는 제품을 직관적으로 보여주는 이미지다. 판매자가 키워드를 생각하지 않는다면 어떨까? 고객이 원하는 바를 추상적으로 생각할 것이다. 내 제품이 팔리더라도 정확히 어떤 이유로 고객이 유입되는지 알기 어렵다.

고객은 원하는 바를 키워드로 표현한다. 키워드로 원하는 제품을 골라내고 의미를 좁혀 나간 것이 바로 세부키워드다. 이 개념이 온라인상에서 제품을 판매할 때 기본 전제가 된다.

그렇다면 그 세부키워드는 어떻게 모을 수 있을까?

키워드 모으는 방법

사람들의 구매욕구는 당연히 사람들이 많은 곳에 가면 알 수 있을 것이다. 오프라인 매장을 운영하는 중이라면 직접 고객의 반응을 모을 수 있다. 그러나 매장이 없다면 온라인 키워드를 모을 수 있는 곳으로 가야 한다. 온라인 매장을 운영하는 중이라면 역시 사람들이 모여 있는 곳으로 가야 한다. 커뮤니티로 가보자.

커뮤니티에서 키워드 수집하기

네이버 카페는 주로 제품을 구매하기 이전에 리얼한 리뷰를 알아보기 위해 가입한 고객이 모여 있다. 그곳에서 주로 쓰이는 질문이나 단어를 모아보자. 네이버 카페에서 '공기청정기'라고 검색해보자. 그러면 네이버 카페 상단에 어떤 검색어가 주로 검색되었는지 나온다. 오른쪽 키워드들 옆에 [v] 버튼을 누르면 더 많은 연관 검색어를 볼 수 있다.

연관 검색어를 누르면 사람들이 주로 어떤 부분에서 해당 제품의 구매를 망설이는지 파악할 수 있다. 네이버 카페 게시글에서 사람들이 주로 언급하는 내용이 무엇인지 찾아보자. AS의 문제일 수도 있고, 공기 정화력이 문제일 수도 있다. 원룸에서 사용하기 적절한 제

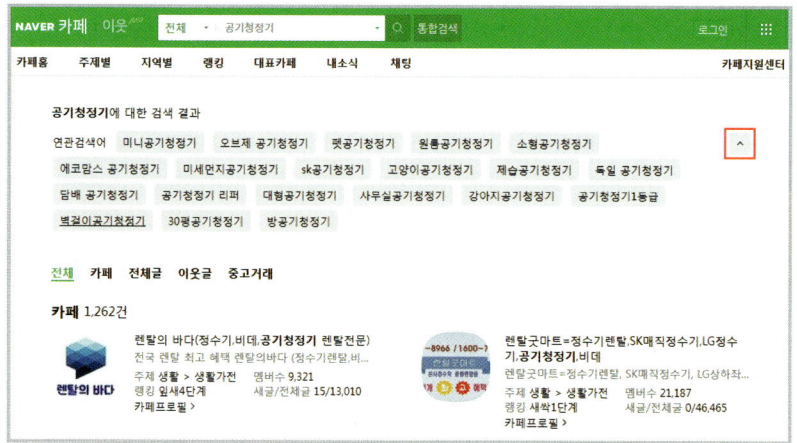

▲ 네이버 카페에서 키워드 검색 시 나오는 상단 영역

품이냐는 질문부터, 많은 사람이 선호하는 제품이 무엇인지도 확인할 수 있다. 주로 가격대가 높은 제품일수록 검색되는 내용이 많다. 당연히 가격대가 높을수록 구매를 망설이고, 구매에 실패하고 싶지 않기 때문이다.

네이버 카페를 예시로 들었지만, 이 밖에도 커뮤니티는 수없이 많다. 네이버 블로그에서도 키워드를 수집할 수 있다. 네이버 블로그의 경우, 질문 글보다는 후기를 많이 찾아볼 수 있다. 알다시피 블로그 광고가 많기 때문에, 실제 사람들의 관심 키워드를 찾기 어려울 수 있다. 하지만 관점을 달리 보면 광고용 포스팅에서도 얻는 것이 있다. 바로 경쟁 브랜드에서 무엇을 중요하게 생각하는지 파악할 수 있는 것이다.

이는 검색엔진 마케팅에서도 마찬가지다. 광고 콘텐츠가 유달리 많이 발견되는 카테고리가 몇 가지 있다. 건강기능식품이나 화장품 같은 카테고리가 바로 그렇다. 많은 분이 광고 때문에 정보를 수집할 수 없다고 생각하지만, 사실 얻을 것은 더 있다. 상위노출을 위해서 사용되는 중복되는 키워드를 알아낼 수 있는 것이다. 업체들은 내용 강조와 세부키워드 유입을 위해 콘텐츠에 이 키워드를 녹인다. 이 키워드를 찾으면 업체별로 중요하다고 생각하는 키워드를 수집할 수 있다. 어색할 정도로 키워드를 중복해서 넣으면 오히려 거북하기도 하지만, 그렇다고 적게 넣으면 검색이 잘되지 않는다.

키워드를 위주로 수집하되, 이 제품을 사용하는 사람이 어떤 어휘를 사용했는지 힌트도 얻을 수 있다. 의외로 상세페이지 제작에 들어가면 카피 작성을 힘들어한다. 구체적으로 들어가서 생각하면 카피가 다 거기서 거기인 것 같은 기분이 들기 때문이다. 도대체 카피에 어떤 멘트를 입력해야 할까? 그럴 때 사람들이 주로 어떻게 표현했는지 보고 활용할 수 있다.

키워드 영역뿐만 아니라 눈에 띄는 이미지도 발견할 수 있다. 어떤 이미지를 주로 사용했는지(광고주가 블로그 작성자에게 이미지를 제공하거나 어떤 이미지를 원하는지 요청하는 경우가 있다), 직접 찍었다면 주로 어떤 상황에서 사진을 찍었는지, 야외 이미지인지, 실내 이미지인지, 주로 제품의 어떤 부분을 부각하는 이미지를 사용했는지 살펴보자.

누구를 타깃으로 주로 제품을 제공했는지 살피는 것도 소중한 정보가 된다. IT 게시물을 많이 작성하는 블로거들의 게시물에 중복되는 콘텐츠를 발견하거나, 30대 주부 블로거나 일상을 올리는 블로거들의 게시물에 많이 발견되는 콘텐츠를 보는 것이다. 이런 것들은 굳이 신경 쓰면서 찾지 않아도 게시물을 많이 보면 데이터가 쌓이게 된다. 일종의 공통점이 있기 때문이다.

이렇게 블로그에서도 정보를 구할 수 있지만, 우리가 알고 있는 다른 커뮤니티 사이트를 뒤져도 유용한 정보를 많이 찾을 수 있다. 어떤 커뮤니티를 특정해 정보를 구해야 한다는 뜻은 아니다.

네이버 데이터랩에서 키워드 수집하기

네이버 쇼핑을 통해서도 관련 키워드를 찾아볼 수 있다. 네이버 데이터랩datalab.naver.com에서는 사람들이 지금 주로 찾는 키워드가 무엇인지 분석할 수 있는 툴을 제공한다.

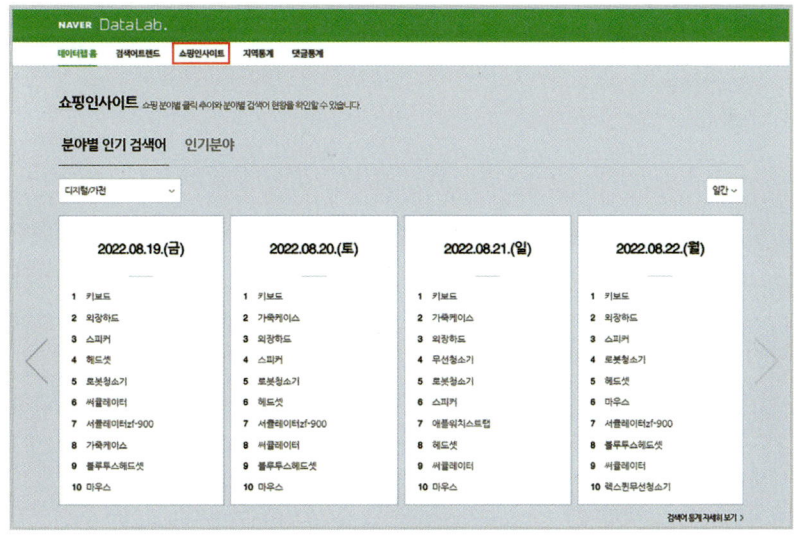

▲ 네이버 데이터랩 화면

화면 상단의 [쇼핑 인사이트] 탭을 누르면 분야별 인기 검색어 키워드를 찾아볼 수 있다. 특히 '인기검색어 TOP 500'을 통해 사람들이 주로 어떤 제품을 찾는지 알아볼 수 있다. 재밌는 점은 '인기검색어 TOP 500' 안에서 중복되는 키워드가 있다는 점이다. 예를 들어 분야에서 '디지털/가전 > 생활가전 > 다리미'로 조회했을 때 뜨는 인기검색어 순위는 다음과 같다.

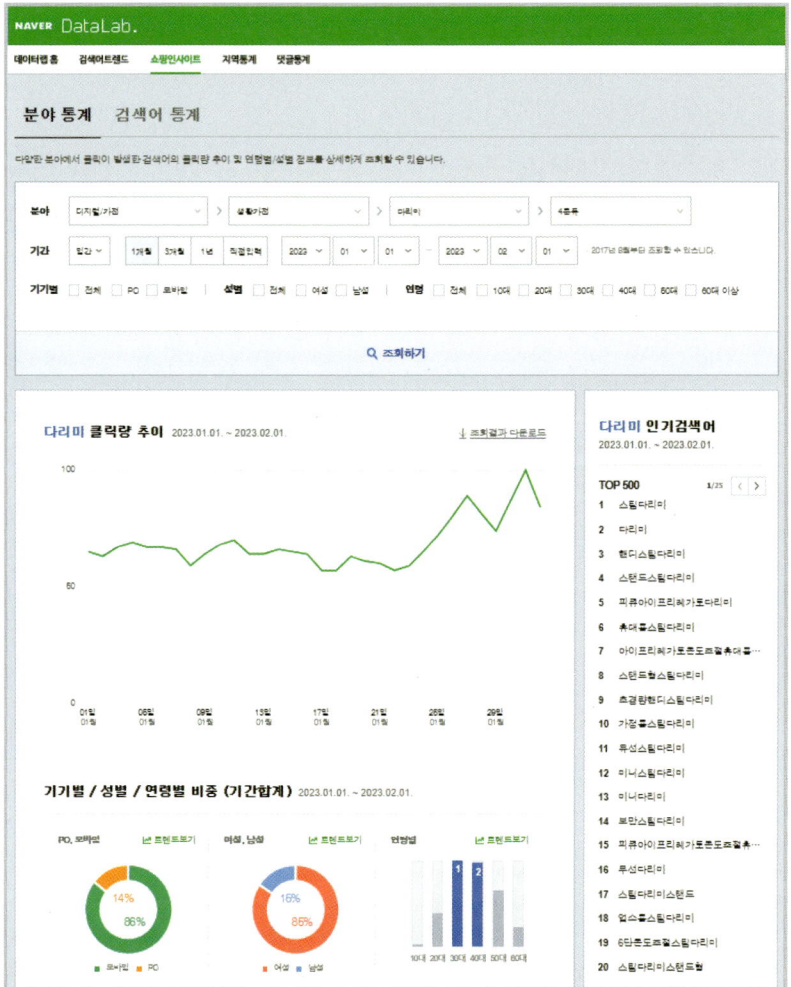

▲ 다리미 분야의 인기검색어와 클릭량 추이

'스팀다리미', '다리미', '핸디스팀다리미', '휴대용스팀다리미', '미니

스팀다리미' 등을 확인할 수 있는데 언뜻 보면 '핸디스팀다리미'와 '휴대용스팀다리미'는 겹치는 것처럼 생각할 수 있다. 엄밀히 말해 다른 키워드지만, 이미지상에서 겹친다는 의미다. 또 이 검색어들이 상위를 차지하고 있다는 것은 사람들이 많이 찾는다는 뜻이다. 이 키워드들은 잊지 말고 모아두자.

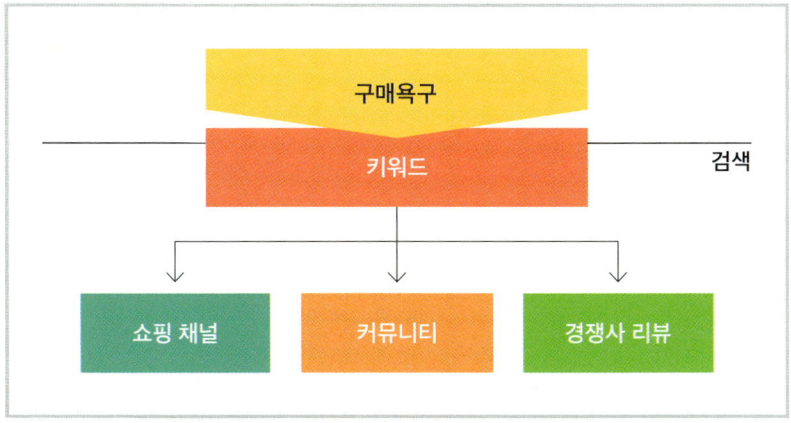

▲ 구매욕구는 키워드로 표현되고, 키워드는 각 플랫폼에서 구할 수 있다

이번에는 브랜드 키워드를 살펴보자. 브랜드 키워드의 뜻은 말 그대로 키워드 앞에 브랜드명이 붙은 키워드를 말한다. 예를 들어 '삼성 에어컨'이라는 키워드를 에어컨이라는 카테고리에서 찾았다고 가정해보자. 이 키워드를 활용할 수 있는 방법은 한정되어 있다. 특정 브랜드를 나타내고, 우리가 쓸 수 없는 키워드이기 때문이다. 우리가 팔고 있는 상품이 그 브랜드 상품이 아니기 때문이다. 다만 해당 카테고리 내에서 대세 브랜드는 알아볼 수 있다. 그렇다면 그 대세 브랜드의 1점 리뷰를 분석해서 어떤 면을 사람들이 기대했고, 또 실망했는지를 분석할 수 있다.

구매 키워드를 찾는 가장 좋은 방법

제품의 키워드를 모으는 일은 간단해 보이지만, 막상 해보면 진행하기 쉽지 않을 것이다. 구매자 입장에서는 제품과 콘텐츠를 소비하기만 하면 되지만, 내가 판매자가 되어버리면 같은 제품을 봐도 느끼는 게 달라서 마음이 복잡해진다.

작은 레스토랑을 운영하는 사람이 다른 대박 난 레스토랑에 가서 온전히 음식 맛이나 식당 분위기에만 집중할 수 있을까? 아마 일반 고객들은 보이지 않는 것이 보일 것이다. 가게에서 사용하는 식재료, 단가, 점원 수, 인테리어 비용, 가게 월세 비용까지. 생각하지 않으려 해도 이런 정보들이 머릿속으로 들어올 수밖에 없다. 그렇다 보니 판매자 입장에서는 다른 판매자의 스토어를 들여다보는 일이 힘겹게 느껴질 수 있다. 이런 경우를 여러 판매자와 상담하면서 종종 봐왔다. 특히 내가 팔고 있는 제품과 비슷한 상품을 판매하는데 월등히 잘 파는 경쟁사일수록 더 들여다보기 힘겹다. 자꾸 비교하게 되고 불편한 감정이 드니, 결과적으로 외면하게 되는 것이다. 결국 내 스토어에만 집중하자고 생각하면서 고립된다. 처음에는 경쟁 브랜드 정보에 관심을 끄게 되지만, 나중에는 제품의 트렌드, 고객의 소리, 판매 방식의 변화 같은 것을 잘 인지하지 못하게 된다.

다른 스토어의 전략과 상황에 휩쓸려 다닐 필요는 없지만, 판이 어떻게 돌아가는지 파악하는 것은 매우 중요한 일이다. 어렵지만 당연히 해야 하는 것이라는 점을 이해하고 접근하면 오히려 도전할 수 있는 용기가 생긴다. 그러니 이제부터 두려움을 이겨내고 키워드를 수집하자.

경쟁사 리뷰로 키워드 모으기

키워드를 찾아볼 수 있는 가장 좋은 방법은 경쟁업체의 1점 리뷰를 보는 것이다. 요즘에는 업체 대부분이 리뷰 이벤트를 진행하기 때문에 악성 리뷰는 잘 쌓이지 않는다. 따로 리뷰 관리까지 하니, 악성 리뷰어에게 연락해서 리뷰 삭제를 요청하는 경우도 있다. 그러다 보니 고객들 사이에서도 5점 리뷰를 후하게 주는 경향도 생겼다. 미리 만점 리뷰를 깔아 놓는 업체들도 있다. 그러니 5점 리뷰는 일단 거르는 편이 낫다. 우리는 고객들의 리얼한 반응이 필요하니까 말이다. 상품을 검색한 후에 경쟁사의 1점 리뷰를 찾아보자. 배송이 늦어서 1점을 줄 수도 있고, 상품이 잘못 와서 일 수도 있다. 다양한 이유로 고객들은 1점 리뷰를 주게 된다. 그런데 실제로 경쟁사 리뷰 분석을 해본 분들은 알 수 있지만, 1점 리뷰에서 안 좋다고 판단한 것들에 일관성이 있다. 제품의 A면을 기대했는데 실제론 B가 왔다, 라는 표현을 모을 수 있다. 그러면 우리는 A라는 키워드를 수집해서 상세페이지상에서 강조할 수 있는 것이다.

경쟁사 브랜드가 아닌 대세 브랜드의 1점 리뷰를 분석해서 사람들이 어떤 면을 기대했고, 어떤 면에서 실망했는지 분석할 수 있다. 기본적으로 리뷰가 많이 쌓여 있고, 사람들이 생각하는 제품의 적정 기능 수준을 살펴볼 수 있기 때문에 편리하다. 리뷰를 반복해서 보다 보면 고객들의 니즈를 파악할 수 있다.

유튜브에서 키워드 모으기

뜬금없이 유튜브를 검색하라니 의아해하는 분이 있을 것이다. 요즘 고객은 네이버나 다음 같은 웹사이트가 아니라, 인스타그램이나 유튜브에서 검색한다. 이미지나 동영상으로 제품의 리뷰를 직접 보는 편이 더 확실하고 믿을 만하다고 판단하기 때문이다.

특히 유튜브 같은 경우, 제품이나 서비스를 비교 분석하는 영상이 아주 많다. 비교 분석할 때는 당연히 기준이 존재한다. 유튜버가 기준 삼고 있는 것이 무엇인지 찾아보자. 제품의 가격일수도, 내구성일수도, 배터리 성능이나 다른 것들이 기준이 될 수 있다. 이 내용을 분석하면 사람들이 어떤 것을 중요하게 생각하는지 알 수 있다. 유튜버는 구독자가 궁금해할 만한 내용을 보여주기 위해서 영상을 구성한다. 그러면 그 영상에서 어떤 제품들을 주로 사용하는지도 파악할 수 있고, 어떤 내용으로 영상을 만들었는지도 알 수 있다. 핵심을 뽑을 수 있는 것이다.

판매채널에서 키워드 모으기

주로 예시를 네이버 기반으로 이야기했지만, 사실 네이버 말고도 쇼핑 채널은 많다. 새로 생겨나고, 또 없어진다. 쇼핑 채널은 고객에게 편리한 검색 서비스를 제공하기 위해 끝없이 고민한다. 그러니 고객들이 주로 찾는 내용을 빠르게 검색할 수 있도록 돕는다. 다음은 쿠팡에서 '캠핑용품'이라는 키워드를 검색했을 때 나오는 추가 키워드를 보여주는 화면이다.

검색창 하단에 '캠핑용품'이라고 검색하는 사람들이 주로 사용하는 세부키워드를 보여준다. 이런 방식으로 키워드를 모을 수 있다. 그렇다면 이렇게 다양하게 모은 키워드를 어떻게 정리해야 할까? 키워

◀ 쿠팡에서 '캠핑용품' 키워드를 검색한 화면

드들을 수집하고 나서는 패턴을 파악해야 한다. 몇 가지 카테고리로 나눠서 말이다. 어떤 스타일을 주로 원하는지, 주로 어떤 타깃이 사용하는지, 사람들이 찾고 있는 이벤트는 무엇인지, 중복되는 내용들을 정리하자. 중복되는 키워드가 있다는 것은 고객에게 중요한 내용이라는 뜻이다. 그러니 키워드를 더 많이 모을수록, 특히 양질의 키워드를 모으는 데에 집중할수록 좋은 키워드를 수집할 수 있다. 데이터양이 많아지니 정확도가 높아지는 것이다. 그냥 시간 때우기식으로 진행한다면 키워드의 질은 좋지 못할 것이다.

키워드	토퍼 매트리스					
	대상(타겟)	모양	스타일	일시/장소	기능성	기타
1	아이	1인용	그레이	차박	허리통증	특정 날짜 배송
2	60대	슈퍼싱글	베이지	아이방	무진동	당일발송
3	허리디스크	2인용		베이비룸	방수	할인 이벤트
4	키즈				단단함	
5	신생아				내장재	
6					방수	
7					세탁 가능	
8						

▲ '토퍼 매트리스' 키워드 수집 예시

키워드를 정리할 때는 본인이 편하다고 생각하는 툴을 사용하면 된다. 위의 예시에서는 엑셀을 이용하였다. 토퍼 매트리스라는 제품을 판매할 때 수집한 키워드를 정리한 것이다. 크게 대상, 모양, 스타일, 일시/장소, 기능성, 기타로 카테고리를 나누고 해당하는 카테고리에서 수집한 키워드를 모았다. 이 분류용 카테고리는 제품의 특징에 따라 달라질 수 있다. 중요한 건 중복된 키워드일수록 중요도가 높다는 점이다. 따로 체크해두자.

이렇게 키워드를 수집하고 난 다음에는 우리 스토어에서 적용할 수 있는 내용을 골라내야 한다. 우리 제품에 적용할 수 없는 키워드라면 상세페이지에서 표현하지 않는 편이 낫다. 고객에게 허위 광고를 하는 격이 되어 부담으로 작용할 테니 말이다.

키워드를 모으면 이 내용을 바탕으로 상세페이지의 판매 증거, 문제 제기, 공감 등 단계에 다양하게 적용할 수 있다. 리뷰 단계에서 사람들이 중요하게 여긴다고 판단되는 요소에 밑줄 쳐서 강조할 수 있다. 문제 제기 단계도 마찬가지다. 사람들이 어떤 걸 중요하게 생각하는지 파악할 수 있다. 그 내용으로 문제 단계를 꾸려 나간다. 고객들이 원하는 바가 키워드에 모여 있다는 사실을 잊지 말아야 한다.

고객의 구매욕구가 모이는 지점, 키워드

본격적으로 상세페이지 구조를 자세히 설명하면서 상세페이지에 필요한 소스를 모으는 작업에 대해서 설명할 것이다. 그러면 우리는 키워드에 집중해서 모으면 된다. 사람들이 주로 찾는 키워드에 구매욕구가 집중되어 있다. 사람들이 자주 언급하는 키워드나 걱정하는 포인트도 마찬가지다.

> 키워드 → 상세페이지 이미지

그리고 키워드를 이미지로 변환하는 것이다. 처음부터 이미지를 모으려고 하면 목적이 불투명해진다. 이미지보다 일단 글, 즉 키워드를 모아서 뼈대를 만든다. 그렇게 해야 상세페이지가 의도한 대로 만들어진다.

이제부터 키워드에서 이미지를 뽑아내는 방법에 대해서 설명할 것이다. 이 책을 관통하는 하나의 개념을 꼽자면 바로 이미지로 이어지는 키워드다. 이 점을 꼭 기억하면서 책을 읽길 바란다.

구매욕구의
두 가지 지점

한번 생각해보자. 우리가 청소기를 판매할 때의 상세페이지 디자인과 옷을 판매할 때의 상세페이지 디자인이 같을 수 있을까? 언뜻 생각해도 다르다고 추측할 수 있다. 고객이 구매할 수 있도록 설득한다는 측면에서는 같지만, 두 제품의 카테고리가 너무 동떨어져 있기 때문이다. 패션 제품 카테고리, 식품 카테고리, 전자제품 카테고리…. 이런 식으로 카테고리 분류대로 상세페이지의 특성을 살펴봐도 되지만, 하나하나 따져봐야 하니 매우 비효율적이다. 게다가 이런 식으로 생각하면 카테고리가 애매한 경우에는 길을 잃어버리기 쉽다.

상세페이지를 작업하며 이런 경우를 굉장히 많이 봤다. 다른 곳에서 알려진 방식대로 했는데, 내 제품과 결이 안 맞는다고 느끼는 판매자가 많았다. 자신이 준비한 제품이 다른 옷을 입고 있으니 어색할 수밖에 없다. 그래서 상세페이지 전반에 걸쳐 기준을 세우고, 큰 틀을 두 가지로 나눠봤다. 바로 니즈Needs와 원츠Wants이다. 여기서 말하는 니즈는 고객의 니즈(결핍), 원츠는 고객의 원츠(바람)을 말한다.

고객의 니즈

우리가 어떤 물건을 살 때 '문제 해결'을 위해 제품을 구매하는 경우가 있다. 이런 경우를 고객의 니즈를 충족시킨다고 한다. 그러니까 제품이 필요한 상황이 발생해서 이를 해결하기 위해 구매한다. 예를 들면 먼지가 많은 봄날이라 공기청정기를 사는 것이다. 코로나로 인해 마스크 착용이 의무화되어 마스크를 구매해야 한다든가, 요리에 꼭 들어가야 하는 소스를 구매한다든가 하는 상황을 말한다. 트렁크에 잘 들어가게 만든 캠핑 테이블도 마찬가지다.

고객의 니즈를 충족시킨다는 것은 고객 입장에서 '이걸로 문제를 해결할 수 있겠어! 내가 찾던 딱 바로 그 상품이야!' 하고 생각하게 만드는 것을 말한다. 고객의 니즈를 충족시키기 위해서는 다음 두 가지 조건이 필요하다.

첫 번째, 문제 콕 집어주기.

두 번째, 문제의 핵심을 해결해주기.

우리가 물걸레 청소기를 판매한다고 가정해보자. 고객의 문제는 무엇일까? 얼마나 깨끗하고 편하게 힘들이지 않고 청소할 수 있느냐, 하는 것이다. 더 구체적으로 말하면 문제는 고객의 상황에 따라서 변할 수 있다. 집에 어린아이가 있는 경우에는 먹을 것을 자주 쏟을 수 있다. 이럴 때 물걸레를 쉽게 빨 수 있는 청소기를 찾을 것이다. 그래야 편하게 닦을 수 있기 때문이다.

고객은 이 문제를 해결하고 싶거나 다른 제품으로 충족되지 않았기 때문에, 우리 상세페이지에 들어온 것이다. 이럴 때는 먼저 문제를 콕 집어내서 공감을 불러일으키고, 그다음에는 어떤 부분 때문에 문제 해결이 어려웠는지, 그리고 우리 제품이 어떻게 문제를 해결해 줄 수 있는지 전달하는 흐름으로 이어지면 좋다. 그런데 판매자분들이 헷갈릴 때가 있다.

공기청정기를 판매해야 하는 상황이라고 가정해보자. 그렇다면 공기청정기를 사용하면 수많은 호흡기 질환을 예방할 수 있다고 설정하는 것이 니즈일까? 그렇지 않다면 산뜻한 공기를 매일 아침 순환시킨다고 말하는 것이 니즈일까? 많은 분이 양쪽 다 니즈를 충족한다고 생각한다. 하지만 앞서 말했듯이 니즈는 결핍을 만들어주는 것이다. 호흡기 질환이라는 문제가 일어난 상황, 혹은 일어날 수 있는 가능성을 차단해주는 것이 사람들의 결핍을 해소하고 안심할 수 있게 만든다. 한편 매일 아침 신선한 공기를 마실 수 있다고 말하는 것은 효과적으로 결핍을 자극하지 않는다. 그래서 여러 상세페이지를 살펴보면 고객에게 공포를 조장하는 경우를 쉽게 발견할 수 있다. 사지 않으면 큰일이 날 것처럼 말하거나, 효과를 과장해서 표현하는 방식이다. 모두 문제를 강조하기 위한 장치이다. 문제가 생기면 바로 해결하고 싶은 게 사람의 심리이기 때문이다.

이런 고객의 니즈를 충족시키는 제품은 주로 기능에 포인트를 둔다. 핵심 기능을 바탕으로 고객의 문제를 해결하는 것이다. 내가 팔려는 제품 혹은 우리 브랜드의 제품 라인이 기능에 초점을 맞추고 있는가? 그렇다면 고객의 니즈를 자극해야 한다.

고객의 원츠

구매의사가 고객들의 기호에 달린 경우에 고객의 원츠 충족에 주안점을 두어야 한다. 우리가 옷을 구매할 때 옷의 기능에 대해서도 고민하지만, 주로 스타일에 초점을 두고 구매하게 된다. 예를 들어 롱패딩을 구매한다고 가정해보자. 롱패딩이 얼마나 추위를 막아주느냐도 중요한 요소이지만, 일반적으로 일정 수준 이상의 보온성을 가지고 있다는 전제하에선 스타일이 중요한 포인트가 된다. 아무리 따뜻해도 너무 두껍고 촌스러운 디자인의 롱패딩은 팔리지 않는다. 아예 구매 선상에서 제외되는 것이다.

생각해보면 이런 종류의 상품이 상당히 많다. 시계도 마찬가지다. 기능만 따졌을 때는 시간을 확인하는 것 이상도 이하도 아닌 제품이지만, 특정 브랜드 로고가 붙으면서 사람들의 구매욕구를 자극한다. 인테리어 제품은 어떤가. 조명 기구를 구입할 때 사람들은 광량 같은 기능을 따지는 것보다 그 인테리어 제품이 내 공간에 어울릴 수 있는지 파악한다. 간단히 러그를 떠올려보자. 러그는 미끄러지지 않고 방수가 되는 재질이 좋지만, 정작 사는 사람에게 그 기능은 부가적인 혜택으로 느껴진다. 인테리어 디자인이 가장 우선시되는 것이다. 고객은 대부분 썸네일만 보고 자신의 기호에 맞지 않으면 클릭조차 하지 않는다. 고객은 그 제품이 꼭 '필요'해서 구매한다고 생각하지만, 실제로 고객이 필요가 아닌 바람(욕구)을 위해 구매하는 것이다. 여러 사람과의 소속감, 내 취향을 반영한다는 만족감, 나를 나타내는 표현 수단으로 정의된다.

원츠를 충족시키기 위해서는 어떻게 상세페이지를 구성해야 할까? 내 제품을 구매한 사람들이 그 제품을 실제로 어떻게 쓰고 있는지 보여주는 것이 가장 효과적이다. 패션의 경우, 고객은 그 패션을 주로 입는 집단에 소속되고 싶거나 그렇게 보이고 싶다는 무의식적인 심리를 가지고 있다. 그러니 상세페이지 내에서 우리 제품을 사용한 리뷰 사진을 여러 컷 넣어서 구매한 사람들의 후기를 보여주는 것이 필요하다. 패션 제품들은 이런 이유로 모델을 신중하게 선택한다. 내가 판매하는 패션 제품의 특성에 따라 너드 스타일의 모델을 고를지, 모던한 스타일의 모델을 고를지, 일부러 학생 같은 모델을 고를지, 외국인 모델을 기용할지 결정한다. 사람을 통해 그 브랜드의 기호를 형성하기 위한 것이다.

이런 제품일수록 후기가 중요하기 때문에, 이벤트 진행을 자주 권유하곤 한다. 사람들이 그 제품을 구매해서 사용하는 모습을 보여줌으로써 소속되고 싶은 집단을 더욱 구체적으로 알릴 수 있기 때문이다. 옷을 살 때 10대 학생들은 리뷰를 통해서 실제로 10대들이, 특히 소위 패션 센스가 있는 10대들이나 인플루언서가 이 옷을 입고 있는지 살펴본다. 내가 얻고 싶은 이미지를 얻을 수 있는지 파악하는 것이다.

인테리어 제품, 그중에서도 인테리어 소품을 구매하는 사람은 특정 이미지를 표방하기 위해 구매하는 경우가 많다. 고객 입장에서는 이 제품을 구매해서 자신이 원하는 인테리어를 구현할 수 있을지 의문이 들 수 있다. 그래서 리뷰로 이런 고민을 하는 고객에게 확신을 준다. 이 제품을 실제로 사용한 이미지만큼 확실하게 고민을 해결할 수 있는 게 없기 때문이다.

　이 외에 상세페이지 내에서 이벤트를 진행하는 것뿐만 아니라, 블로그나 카페 등에서 바이럴을 하기 위해 노력하기도 한다. 리뷰 이벤트를 진행하는 것과 같은 논리다. 최대한 제품의 노출량을 높이는 게 중요해지기 때문이다. 상세페이지에서 만족하지 못하거나 제품의 가격대가 높으면, 사람들은 추가 검색을 해서 내가 제대로 된 제품을 구매하려고 하는 게 맞는지 확인하는 절차를 거친다. 리뷰 대신에 보는 것이다. 특히 원츠에 속한 제품들은 브랜드 이미지가 중요하다. 본인의 자아를 표현하기 위해 소비하기 때문이다. 브랜드는 자아 표현의 수단이 되었다. 그래서 자체 채널을 운영하면서 브랜드 이미지를 사람들에게 각인하기 위해 노력한다.

니즈 VS 원츠

그렇다면 문제를 해결하려고 하는 의지와 기호를 충족시키려고 하는 의지 중 어떤 것이 더 강할까? 모든 카테고리가 그렇다고 말할 수는 없지만, 일반적으로 문제 해결에 대한 의지가 더 크다. 공기청정기를 판매할 때, 호흡기 질환(문제)을 예방하기 위한 목적으로 설명하는 게 공기청정기의 인테리어 디자인을 강조하는 것(혜택)보다 훨씬 효과가 크다.

　반대로 혜택은 나중에 구매해도 된다고 생각한다. 실제로 '꾸미기'에 해당하는 제품을 판매하는 대표님들이 종종 토로하는 고민인데,

제품을 '찜'해 놓고 그냥 넘어가는 고객이 늘어난다는 것이다. 예쁜 사진이나 이미지를 보고 찜을 하기는 하지만, 결정적인 구매 계기가 없으면 구매하지 않고 넘어가는 것이다. 결정적으로 판매가 일어나지 않으니 판매량은 0이다.

그러면 모든 제품은 니즈를 공략해야 할까? 결론부터 말하면 그것은 아니다. 제품의 니즈와 원츠는 완벽히 분리되지 않는다. 이왕이면 다홍치마라는 말도 있지 않은가. 기능이 똑같은 제품이라면 사람들은 디자인적으로 더 예쁜 제품을 찾는다. 디자인적으로 같다면? 더 저렴하거나 기능성이 더 좋은 제품을 찾을 것이다.

중요한 건 우리 제품이 어떤 카테고리에 더 치우쳐져 있는지 파악하는 것이다. 그래서 고객을 더 자극해줘야 하는 쪽을 상세페이지에서 어필해야 한다. 그렇지 않으면 고객이 원하는 바와 다른 이야기를 하게 될 것이다.

당신의 브랜드 제품은 어느 쪽인가

이제 우리 브랜드를 다시 돌아보자. 우리 제품이 어느 쪽에 더 가까운지 체크해봐야 한다. 그래야 상세페이지의 방향성이 정해지기 때문이다. 내가 파는 제품이 문제 해결에 중점을 두는 제품이 아닌데, 그쪽에 치우쳐서 제품의 스펙 위주로 상세페이지를 풀어내는 경우를 자주 봤다. 패션 카테고리의 제품을 판매하면서 스타일링에 대한 내용을 쏙 빼놓은 경우도 많이 봤다. 인테리어 제품의 소재나 강도 같은 것도 중요한 요소이지만, 그것으로 어떤 문제를 해결하는 것은 아니다. 기능적인 면은 구매의지를 강화하는 요소이긴 하나, 구매의지를 결정짓는 요소는 아니다. 원츠 카테고리에 속한 제품은 결국 디자인을 주로 살펴보게 된다.

반면 고객은 빨리 문제를 해결하고 싶은데, 디자인을 중점적으로 설명하면 답답하다고 느낀다. 그냥 찜해 놓고 가버린다. 그리고 대부분 다시 돌아오지 않는다. 기본적으로 고객이 무엇을 원하는지 파악하는 것이 중요하다. 앞서 필자는 키워드를 바탕으로 상세페이지를 작성해야 한다고 강조했다. 내 제품의 니즈와 원츠를 가르는 하나의 기준도 마찬가지다. 키워드를 수집했을 때 스타일과 모양에 관한 키워드가 많이 나왔다면, 원츠를 충분히 고객에게 어필해야 한다.

쉽게 생각하면 우리는 선물을 하기 위해 제품을 포장지에 한 번 더 감싼다. 선물이 받는 사람에게 어떻게 보이는지가 중요하기 때문이다.

상세페이지 디자인의 목적

    상세페이지 기획과 디자인에 관련해서 꼭 강조하고 싶은 내용이 있다. 막 상세페이지 디자인을 시작한 정말 많은 사람들이 핀터레스트나 비핸스 같은 무료 온라인 포트폴리오 사이트, 아니면 자신이 좋아하는 브랜드 몇 가지를 골라 상세페이지를 검색해본다. 그러면 정말 깔끔하고 예쁜 상세페이지 디자인이 주르륵 나온다. 거기서 몇 가지 스타일을 고르고, 멋있는 문구를 골라내고, 레퍼런스를 추려낸 다음에 디자인 작업을 시작한다.

    그런데 이런 식으로 디자인을 진행하게 되면 무의식 중에 어떤 강박이 생기게 된다. 바로 예쁘게 디자인해야 한다는 강박이다. 디자인 툴을 직접 다룰 줄 아는 사람이면 상황은 더 심각해진다. 시간을 들이면 내가 본 레퍼런스와 비슷하게 꾸며낼 수 있기 때문에, 예쁘게 하는 데에 몰두하게 된다. 필자 역시 그랬다. 색깔이나 제품 사진의 톤에 맞춰서 여러 상세페이지를 찾아, 예쁘게 디자인하는 데 골몰했다. 그러나 필자는 운이 좋았다. 다행히 어떤 우연한 경험 덕분에 예쁜 디자인에 집중하던 습관을 깨게 됐다. 여기서 그 경험을 공유하려고 한다.

이것도 디자인입니까?

온라인 판매자 커뮤니티에서 활동하기 시작할 때의 이야기다. 어떤 판매자분이 디자인한 상세페이지를 보았다. 그분은 '정말 오랫동안 공들여 준비했다'라는 말을 붙이며 상세페이지를 나에게 보여줬다. 신선식품 상세페이지였다. 그런데 상세페이지를 본 순간 얼어붙었다. 정말 디자인이 못 봐줄 정도로 촌스러웠다. 아니, 이게 오랫동안 공들여 준비한 거라고?

그 당시 필자는 온라인 판매 활동을 한 지 얼마 되지 않았었다. 그리고 앞서 언급한 것처럼 예쁜 디자인, 스타일을 중요하게 여겼었다. 차분하고 나긋나긋한 말투, 심플하고 매끄러운 UI까지. 필자는 소위 말하는 '요즘' 디자인에 굉장히 익숙해져 있었다. 그래서 그분이 신선식품 상세페이지를 보여줬을 때 정말 충격적이었다. 내가 디자이너라서가 아니라, 길을 지나가던 누구를 붙잡아도 촌스럽다고 할 만한 상세페이지였다. 솔직히 말하면 디자인이라고 하기도 애매했다. 몇 가지 조언해드리고 싶은 마음을 오지랖이라 생각하고 접어둔 채 시간이 흘렀다.

촌스러운 디자인 그대로

얼마간 시간이 지나고 나서 그분의 디자인을 온라인 판매채널에서 확인할 수 있었다. 그런데 놀랍게도 그 제품이 정말 잘 팔리고 있었다. 그 판매자분은 해당 제품을 '효자 상품'이라고 불렀다. 그분은 해당 제품 외에도 다양한 제품을 판매하고 있었는데, 그 신선식품이 가장 잘 팔리고 있었기 때문이다. 그분의 다른 제품 라인도 쭉 훑어봤다. 머리를 꽝 얻어 맞은 것 같은 충격이 왔다.

결과적으로 이야기하면 그 판매자분은 어느 정도 디자인에 대한 기초 지식을 갖춘 분이었다. 그뿐만 아니라 디자인 툴도 다룰 줄 알았다. 그분의 다른 제품라인을 살펴보니 그 사실을 자연스럽게 알게 되었다. 고객이 필요로 할 만한 정보로 디자인된 상세페이지들이 깔끔하게 줄지어 있었다. 아니, 그런데 그 신선식품은 도대체 왜 그렇게 디자인한 걸까? 그 이유를 직접 듣게 되었다.

바로 투박함을 연출하기 위해서였다. 잠깐 떠올려보자. 우리가 알고 있는 맛집, 특히 시장에서 유명하다는 맛집은 대부분 투박하게 생겼다. 어떤 음식점은 한국식 네모 간판에 사장님의 사진을 대문짝만하게 넣기도 한다. 전형적인 나무테이블, 세련됨과는 거리가 먼 오래된 인테리어, 아주 오래전 방송에 출연한 사실을 알리는 빛바랜 현수막들까지. 그렇다. 우리에게 익숙한 '맛집' 디자인이다.

온라인에서 고객들이 투박하고 촌스러운 신선식품 상세페이지를 보고 어떤 생각이 들었을까? 익숙했던 맛집의 촌스러움을 고객들은 어떻게 느낄까? 일단 다른 썸네일과 차별화되어 눈에 띌 것이다. 그리고 투박하고 촌스러운 디자인 때문에, 왠지 가격이 비쌀 거라는 생각이 들지 않는다. 이 포인트가 굉장히 중요하다. 저렴하게 판매할 거라고 지레짐작하게 된다. 깔끔하고 세련된 브랜딩은 그 자체로 사람들에게 청결하다, 믿을 만하다는 인식을 심어줄 수 있다. 반대로 투박한 상세페이지는 이런 어필이 힘들지 몰라도, 식품업을 전문으로 하는 특유의 분위기를 나타낼 수 있다. 일장일단이 있는 것이다.

- 제품에만 집중하기 때문에, 디자인을 신경 쓰지 못하는 업장의 이미지
- 상세페이지 곳곳에 보이는 자부심 넘쳐 보이는 사장님의 사진
- 대대로 제조 비법이 이어져 내려온 것처럼 보이는 나이 들어 보이는 오래된 디자인
- 직설적인 어투와 전문용어 설명, 사진으로 직판 시각화

투박하고 촌스러운 디자인은 최저가라는 분위기를 낼 수 있다. 1차 생산업자가 파는 상품을 직배송 받는다는 느낌도 줄 수 있다. 말로 하는 것보다 강력한 게 디자인, 이미지의 힘이다. 상세페이지를 의도적으로 촌스럽게 디자인함으로써 위와 같은 목적을 이룰 수 있다.

결국 그 신선식품은 해당 카테고리에서 상위노출을 하게 되었다. 너무나 당연한 결과였다. 그 뒤로 어떻게 됐을까? 해당 카테고리에 있는 다른 경쟁자들이 비슷하게 디자인하기 시작했다. 사장님 얼굴을 썸네일에 대문짝만하게 넣고, 일부러 촌스러운 폰트를 썼다. 처음 해당 신선식품을 업로드했을 당시에는 이렇지 않았다. 한 판매자가 해당 카테고리에서 새로운 판매 트렌드를 만들어낸 것이다. 필자는 이 사건을 기점으로 '프로페셔널한 못생긴 디자인'도 있다는 것을 알게 됐다.

이 일이 있기 전까지 필자는 누가 더 예쁘게 디자인하는지에 대해 신경을 써왔었다. 어깨에 힘을 딱 넣고 레퍼런스 사이를 다니면서 어떤 디자인이 더 예쁘고 그럴싸한가 하는 것만 고민한 것이다. 못생긴 디자인이 있다는 사실을 알고 나서부터 스타일에 힘을 덜고 더 열린 눈으로 보게 됐다. '저렇게 디자인한 이유가 무엇일까?', '저 디자인이 왜 인기가 많을까?', '디자이너는 어떤 의도를 가지고 디자인 한 걸까?'라고 분석하게 된 것이다.

자신의 만족을 위한 디자인

여기서 잠깐, 반드시 예쁘지 않게 디자인해야 한다는 뜻은 아니다. 스타일보다 먼저 고려해야 할 것이 있다는 뜻이다. 중요한 건 '디자인으로 어떤 목적을 달성하고자 하는가' 하는 것이다. 바꿔 말하면 디자인을 나 자신의 만족을 위해서 하고 있진 않은지 돌아보는 것이 중요하다. 개인적으로 판매자 개인의 만족이 있어야 판매 활동도 오래 할 수 있다고 생각한다. 본인이 만족해야 브랜드에 애정이 생기기 때문이다. 하지만 그렇다고 해서 무게 중심이 달라져선 안 된다. 중요한 건 결국 '판매'다. 고객인 것이다.

판매가 잘돼야 다음 제품을 꿈꿀 수 있게 된다. 판매가 잘 돼야 브랜드도 있다. 그래야 직원도 구하고 시스템도 만들고, 더 큰 목적을 향해 나아갈 수 있다. 내가 고집하고 있는 게 판매를 위한 것인지, 판매를 위해서 디자인을 활용하고 있는지 고민해야만 한다.

핀터레스트나 비핸스 같은 레퍼런스 사이트에서는 이런 디자인의 목적에 대해서는 잘 설명해주지 않는다. 이미지를 기반으로 사람들에게 검색되기 때문에, 아름답고 예쁜 디자인에 초점을 맞춘다. 그 디자인으로 어떤 의도를 만들어내려고 했는지, 그래서 브랜드가 고객에게 어떤 메시지를 전달하고 싶어 하는지는 나오지 않는다. 필자가 설명하는 상세페이지들은 실생활에서 쇼핑할 때 자주 만나는 것이다. 우리가 인식하지 못하는 사이 지갑을 열게 만드는 수많은 디자인을 마주친다.

의도에 초점을 맞출 때 좋은 상세페이지 디자인이 나오게 된다. 다분히 개인 취향에 기댄 스타일은 어떤 제품을 팔건 거기서 거기인 디자인을 하게 된다. 그러니 디자인이 고객에게 어떤 의미로 다가갔으면 하는지, 디자인으로 인해 어떤 목표를 쟁취하고 싶은지 항상 염두에 두어야 한다. 고객이 알아채지 못하는 방식으로 이미 익숙한 클리셰를 적용해 진부하고 촌스럽게 디자인하되, 실제 목적을 달성하는 실용적인 방식도 분명히 있다.

텍스트 대신 이미지, 이미지 대신 영상

상세페이지를 만든다고 하면 사람들은 대부분 이미지를 떠올릴 것이다. 그런데 막상 상세페이지를 만들 상황이 되면 그냥 텍스트로 때우려고 하는 경우가 많다. 예를 들어 커피 기프티콘이 제공되지만 커피 이미지를 사용하지 않고, 제품의 구성품이 들어가지만 구성품

이미지를 사용하지 않는다. 제품의 패키지가 선물 패키지라고 하지만, 해당 패키지를 보여주지 않는다. 왜 이런 일이 생기는 것일까?

판매자 입장에서는 이미지를 사용하는 것에 부담을 느낀다. 예쁘게 넣는 데 크게 신경 쓰기 때문이다. 특히 디자이너가 아니고 디자인 툴을 다루지 못하는 경우에 더 그렇다. 그래서 텍스트로 쓰는 게 좋고, 텍스트로 써 놓아도 고객이 알아서 확인할 것이라 합리화하게 된다.

우리가 줄글을 늘어놓는다고 고객이 일일이 읽어 보겠는가? 그렇지 않다. 그러니까 시인성이 좋지 않은 것이다. 특히 모바일 환경은 한 줄의 폭이 짧아서 글이 길어지는 게 더 눈에 띈다. 내려야 하는 스크롤이 웹에 비해서 더 길어진다. 커뮤니티에서 괜히 '세 줄 요약'이라는 말이 나온 게 아니다. 고객은 줄글이 긴 경우에 거의 읽지 않고 바로 넘겨버린다. 게다가 기억하기도 쉽지 않다.

그림 우위 효과에 관한 실험의 사례를 보자. 텍스트만 읽는 팀과 이미지와 텍스트와 함께 읽는 팀을 나누고 3일 뒤 어느 팀이 얼마나 더 많이 기억하느냐를 테스트했다. 그 결과 이미지와 텍스트를 함께 읽은 팀이 텍스트만 읽은 팀보다 50퍼센트 더 많이 기억했다고 한다. 정말 엄청난 수치다. 우리가 만든 상세페이지를 다 봤다고 해도, 아주 인상적인 카피를 쓰지 않는 이상 텍스트는 머릿속에 거의 남지 않는다. 그에 반해 이미지는 확 기억에 남는다.

또한 이미지를 활용하면 CS 비용을 현저히 줄일 수 있다는 장점도 있다. 예를 들어 긁힘이 있으나, 하자가 아닌 제품이 있다고 해보자. 이미지 없이 그냥 "제품의 하자가 아닙니다"라고 텍스트로만 설명한 경우, 고객과의 분쟁 과정에서 많은 CS 진행 비용이 들 것이다. 고객을 상대해야 하고, 하자 여부에 대해서 다시 안내를 해줘야 할 것이다. 고객과의 분쟁에서 이기더라도 결코 이득이 아니다. 게다가 상품의 하자에 대해서 제대로 이해하지 못한 고객들이 제품 리뷰에 1점을 남길 수도 있다. 반면 실제 약간의 긁힘이 있는 사진을 사용하여 이런 긁힘이 있을 수 있다고 설명한다면 어떨까? 긁힘 예시 사진 하단에 "이런 스크래치는 교환/반품이 되지 않습니다. 신중히 구매해주시길 바랍니다"라고 문구를 작성하면 고객이 헷갈리지 않고 판단할 수 있게 된다.

▲ 하자로 오인되는 상태를 이미지로 안내하기

위의 이미지는 제품의 특성을 설명하면서 원목의 특징임을 강조하고 있다. 고객은 어느 정도의 하자가 있는지 추상적인 텍스트가 아니라, 구체적인 이미지로 확인할 수 있게 된다. 물건을 구매하기 전에 어떤 하자가 있을 수 있는지 충분히 고지받는 것이다. 그런데도 제품을 구매하게 되니 제품에 대한 불만이 현저하게 줄어들 수밖에 없다. '이런 하자가 있을 수도 있구나'라는 가정을 가지고 있기 때문이다. 그러면 CS 비용도 당연히 줄어들게 된다. 이게 이미지로 설명하느냐, 그냥 텍스트로 설명하느냐의 차이다.

판매자 입장에서 이미지를 써서 편집하는 것에 드는 노동력, 이미지를 직접 찍어야 할 때 드는 비용이 부담될 수 있다. 하지만 여러 가지 기준에서 텍스트를 이미지화하는 노력이 필요하다. 이 사실이 사진의 퀄리티를 올리는 것보다 훨씬 중요하다.

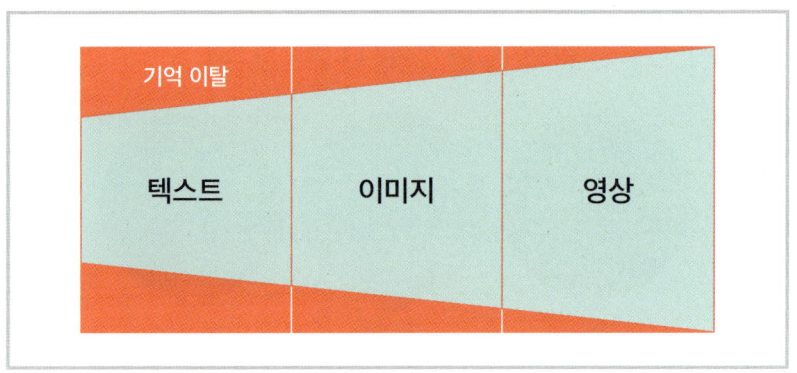

▲ 텍스트보다 이미지, 이미지보다 영상이 기억에 남는다

텍스트보다 이미지가 더 기억에 남고, 이미지보다 영상이 더 기억에 남는다. 눈에 띄는 것도 마찬가지다. 일단 움직이는 게 더 눈에 띄는 법이다.

어떤 때 영상을 쓰고 어떤 때 움직이는 이미지를 써야 하는지 판단하는 기준을 알려주겠다. 보통 영상 길이가 길거나 조작법을 설명해야 하는 경우에는 멈춤 버튼을 누를 수 있는 영상으로 업로드한다. 반면 길이가 짧거나 고객이 바로 내용을 보도록 하는 경우에는 gif 이미지로 만든다. 두 방식의 차이점은 크게 두 가지를 들 수 있다. 첫째, 시작 버튼을 눌러야 시작되는가, 아니면 자동으로 시작되는가. 둘째, 고객이 영상 중간에 정지 버튼을 누를 수 있는가, 없는가. 상황에 맞게끔 영상이나 gif를 선택해서 사용하면 된다.

예를 들어 사용법을 자세하게 알려야 하는 경우에는 끊어서 확인할 수 있게끔 업로드해야 할 것이다. 그래야 고객들이 각 단계에서 따라 할 수 있기 때문이다. 반면에 화장품의 비포 애프터와 같이 한눈에 봐야 하는 경우에는 정지버튼이 없어도 충분히 확인할 수 있다.

한 가지 주의해야 할 사항이 있다. 시작 버튼을 누르지 않아도 영상이 시작된다는 점에서 gif가 사람들의 수고를 더 덜어줄 것이다. 버튼을 누르는 일은 생각해보면 별것 아닌 일이다. 손가락을 움직여서 재생 버튼을 누르는 활동은 대단한 수고가 아니기 때문이다. 그런데 고객은 그마저도 귀찮아한다. 굳이 재생 버튼을 누르지 않아도 되는 gif가 훨씬 더 간편하다. 그래서 영상은 꼭 필요한 경우가 아니고서는 gif 위주로 넣는 것을 더 추천한다.

예전에는 모바일 환경이 좋지 않아서 gif를 넣었을 때 용량 때문에, 조금만 넣어도 버벅거리는 현상이 있었다. 하지만 지금은 어떤가? gif를 몇 개 삽입해도 크게 버벅거리지 않는다. 또한 이미지 용량이 큰 파일도 웹사이트를 이용해 간단히 용량을 줄일 수 있다.

ezgif.com 사이트를 이용하면 회원가입 없이 무료로 gif의 화질이나 사이즈를 낮추는 대신에 영상 크기를 확 낮출 수 있다. 사이트 내

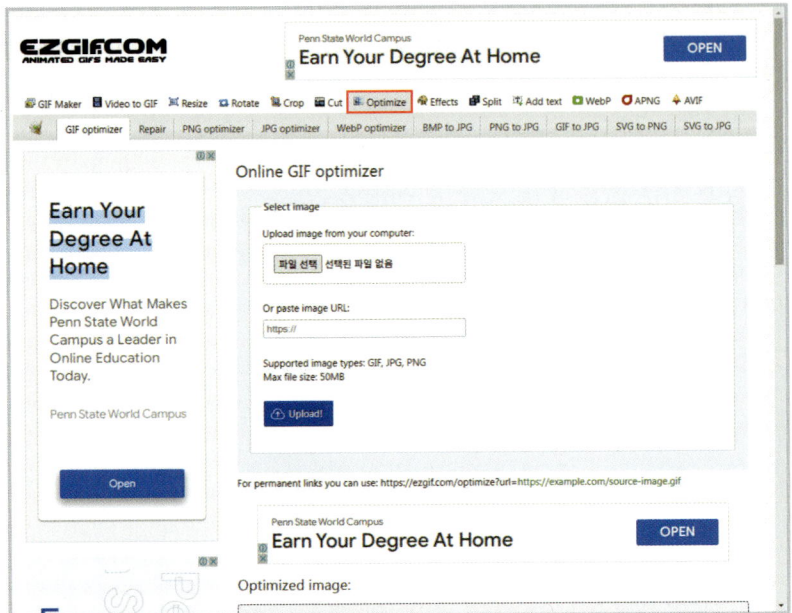

▲ gif 용량을 줄일 수 있는 ezgif.com 사이트

에서 [Optimize] 탭을 활용하면 얼마나 이미지를 압축시킬 것인지 설정할 수 있다.

유튜브에 꼭 넣고 싶은 영상이 있다면, 링크를 넣으면 고객이 금방 확인할 수 있도록 하는 상세페이지 뷰어가 세팅되어 있다. 영상 링크를 쓰는 것만으로 하단에 유튜브 영상을 바로 누를 수 있게끔 설정되는 것이다. 그래서 오히려 지금은 영상이나 gif를 넣지 않은 상세페이지를 찾는 게 더 힘들어졌다. 당연히 고객들 눈에 더 잘 띈다는 데 선택하지 않을 판매자가 어디 있겠는가.

Special page : 디자인의 역할은 휴리스틱

우리가 어떤 식당을 들어갈 때를 생각해보자. 미리 검색해서 찾은 식당을 찾아가는 게 아니라, 근처에 있는 식당에 들어가려고 한다고 생각해보자. 사람들이 많고 적음을 떠나서 우리가 간판이나 인테리어, 가게의 콘셉트를 보고 '저 식당은 깔끔하게 잘 나올 것 같다', '저 집은 되게 오랫동안 장사를 해 온 것 같다'고 판단하게 된다. 실제로 정확한 정보를 보고 판단하는 게 아니다.

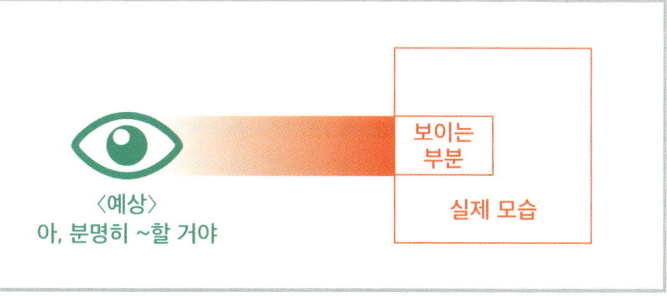

▲ 보이는 일부 모습으로 전체 모습을 판단하는 휴리스틱

휴리스틱Heuristics은 간단히 말하면 '어림짐작해서 결정을 내리는 것'을 말한다. 직관적으로 판단하는 것이다. 판단하는 데에 정신적인 소모가 많다 보니 우리 뇌는 자연스럽게 휴리스틱을 이용해서 결정한다. 매사에 어림짐작해서 판단하지 않으면 어떨까? 우리가 식당을 일일이 찾아보는 데에 많은 시간과 비용을 사용할 것이다. 그리고 합리적으로 비교하는 일도 쉽지 않다. 메뉴도 알아봐야 하고, 청결한지도 봐야 하고, 맛도 확인해야 하고! 언뜻 떠올려봐도 확인해야 할 것이 너무 많다. 그래서 빠른 판단을 위해 휴리스틱을 발동하는 것이다.

휴리스틱이라는 개념을 알고 있으면, 디자인의 목적을 파악하기 쉽다. 노란색을 사용한 디자인을 보고 이런 색상을 써서 따뜻한 느낌을 내려고 한다는 걸 알아차릴 수 있고, 프로필 사진 뒤에 원서가 빼곡하게 꽂혀 있는 책장을 보고 지적인 이미지를 주고 싶어 한다는 걸 알아차릴 수 도 있다. 비싼 시계를 찬 사람을 보고 이 사람은 부자라고 생각한다. 실제로 어떤지 모르지만 짐작해 판단하는 것이다. 이런 휴리스틱을 모아 놓으면 디자인하는 데 큰 힘이 된다.

상세페이지에서 휴리스틱을 사용하는 방법은 뭘까? 촌스러운 신선식품 상세페이지 사례를 복기해보자. 실제 소비자가 상세페이지를 보면서 업장의 모든 부분, 상품의 모든 정보를 속속들이 알기는 불가능하다. 하지만 촌스러운 이미지 때문에, 산지와 가깝고 산지와 가까우면 저렴할 것이라고 어림짐작하게 된다. 'PART 2 실전! 상세페이지 구조 파헤치기'에서 상세페이지 구조와 그에 관한 내용을 자세히 들여다볼 것이다. ~한 것처럼 보인다, ~로 유도할 수 있다, 라는 표현이 자주 쓰일 텐데 모두 디자인 휴리스틱으로 이해하면 된다.

문제는 노출, 유입, 전환 세 박자에 있다

온라인 판매를 처음 시작하는 분들이 자주 하는 실수가 하나 있다. 판매 자체를 뭉뚱그려서 생각하는 것이다. 물건 판매를 구체적인 과정이 아닌 추상적인 과정으로 생각한다. 고객에게 브랜드를 '잘' 어필해서 매출을 늘려가야지, 우리 브랜드 이미지를 '잘' 광고해서 제품 판매량을 늘려갈 거야, 하고 생각하는 것을 수없이 봐왔다.

문제는 바로 '잘'이라는 단어가 주는 모호함에 있다. 우리가 어떤 일을 하려고 할 때 그저 '열심히' 하려고 하면 괜한 에너지를 낭비하게 된다. '열심히'가 뭘 어디에 어떻게 에너지를 쏟아야 하는지 방향을 제시하지 않기 때문이다. 문제를 해결하려면 일단 문제가 뭔지 파악해야 한다. 문제가 '어디서' 일어났는지 구체적으로 알아야 한다.

그래야 핵심을 추적할 수 있기 때문이다. 그냥 '잘' 하면 안 되고 그 과정을 펼쳐 놓고 어떤 부분에서 기능적으로 잘 수행되지 않고 있는지 체크해야 한다.

> 고객에게 물건을 '잘' 판매한다.

위 문장을 구체적으로 펼쳐보자. 고객에게 우리 제품을 알리고, 고객이 제품을 인식하고 구매를 할지 말지 고민하는 그 과정이 보일 것이다. 그게 바로 세일즈 퍼널이다. 세일즈 퍼널이라는 개념은 마케팅 분야에서 아주 유명하고 고전적인 개념이다. 대체로 인식Awareness, 흥미Interest, 고려Consideration, 의도Intent, 평가Evaluation, 구매Purchase로 이어지는 판매자 유입 경로로 소비자가 기존에 모르고 있던 서비스나 상품을 구매하게 되기까지의 과정을 단계별로 설명하는 개념이다.

오래된 개념이라서 이 같은 방식 외에도 여러 형태로 변형이 되어 있다. 마케팅에 집중한 세일즈 퍼널도 있고, 특정 콘텐츠에 집중한 세일즈 퍼널도 있다. 판매 형태도 다양해지고, 제품도 가짓수가 늘어가면서 퍼널의 종류도 늘어간 것이다. 예를 들어 우리가 라이브 커머스를 통해 판매할 때는 스마트스토어에서 판매할 때와는 다른 판매 흐름이 짜이게 될 것이다. 이런 식으로 다양하게 구성된다.

필자의 세일즈 퍼널은 깔때기 형태를 가지고 있는데, 처음에는 많은 수의 고객이 들어와도 깔때기처럼 걸러지면서 최종으로 남는 고객의 수(구매하는 고객 수)가 정해지게 된다. 100명이 우리 상세페이지를 본다고 해도 100명 다 구매하지 않는다. 구매할 사람의 수가 걸러지는 것이다. 여기서 '걸러지는 것'을 고객 이탈이라고 한다. 말 그대로 고객이 구매하지 않고 다른 곳으로 간다는 의미다.

사실 세일즈 퍼널 자체에 대해서 회의적인 시각도 많다. 워낙 고객

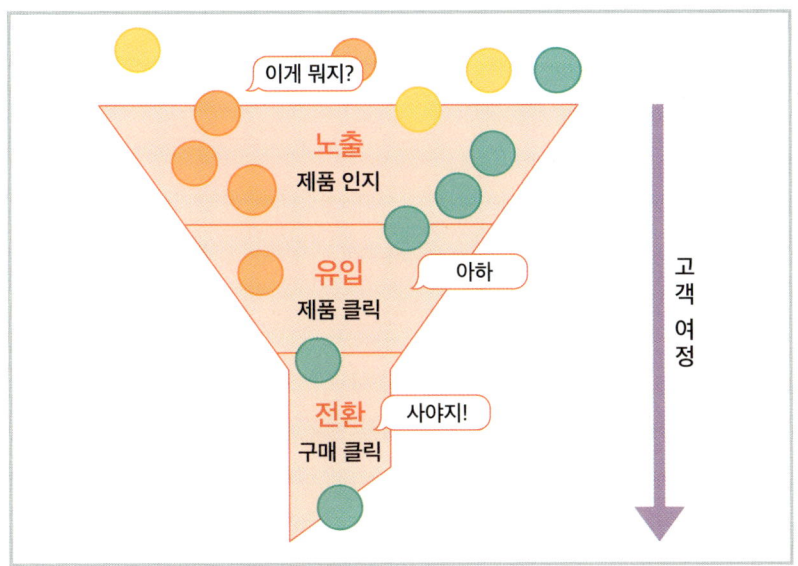

▲ 노출, 유입, 전환으로 이동하면서 고객 이탈도 늘어난다

의 제품 구매에 영향을 주는 요소가 많다 보니, 세일즈 퍼널을 고려하는 것이 무의미하다는 시각이다. 하지만 세일즈 퍼널을 분석함으로써 어떤 경로로 고객이 움직일지 예측 가능하다는 점에서 아직도 유용하다고 생각한다.

이제부터 고객이 상세페이지에 들어오고 구매하게 되는 과정을 집중적으로 보는 세일즈 퍼널을 활용할 것이다. 제품 판매의 세일즈 퍼널은 크게 노출, 유입, 전환 이렇게 세 박자로 나뉜다. 자세하게 설명하면 고객에게 썸네일, 광고배너 등을 통해 제품을 '노출'하고, 고객이 그 배너를 클릭해서 우리 제품 상세페이지로 '유입'되게 된다. 그리고 유입된 고객 중에서 제품을 욕망하는 사람이 '구매'하게 된다.

온라인 판매의 핵심은 이 세 박자가 얼마나 잘 맞춰지는가에 있다. 만약 판매가 잘되지 않는다면, 이 세 가지 중에서 어떤 부분이 잘못

된 것이다. 노출, 유입, 전환의 과정에서 주로 어떤 문제가 발생하는지 정리해봤다. 그리고 이 문제를 어떻게 해결하면 좋을지 살펴보자.

첫 번째 문제 노출, 당신의 제품을 아무도 모른다

초보 판매자에게 가장 흔하게 생기는 문제가 있다. 아예 고객이 물건을 업로드한 것 자체도 모르는 것이다. 제품과 판매를 고민할 때 어떻게 팔 것인지에 대한 세일즈 문제도 함께 고민해야 하는데, 브랜드 콘셉트나 제품을 어떻게 제작할지에 대해서만 집중하면서 이런 문제가 생기게 된다.

보통 제품 자체에만 너무 몰입하는 대표님들에게서 이런 문제가 발견된다. 멋진 제품을 만들기만 하면 날개 돋친 듯 팔릴 거라고 예상했는데, 생각보다 사람들이 관심을 주지 않는다. 창고 한쪽에 쌓인 재고를 보면 마음이 답답해진다. 결국 재고를 통째로 저렴하게 다른 판매자에게 넘기거나, 헐값에 판매하게 된다.

두 번째 문제 유입, 제품에 흥미가 없다

어찌어찌 광고를 통해서 제품을 고객들에게 노출시켰는데 고객들이 배너를 누르지 않는다. 그래서 광고를 노출하는 비용만 나가게 되는 상황이다. 고객을 유입시키는 수단은 배너광고 말고도 여러 가지가 있다.

예를 들면, 유튜브를 보다가 나오는 PPL을 보고 사람들은 상품을 검색하고 유입하게 된다. 블로그에서 본 감동 후기, 커뮤니티를 떠돌아다니는 바이럴광고를 보고도 마찬가지다. 검색창에 우리 제품을 검색해서 들어올 수도 있고, 브랜드를 직접 검색해서 들어올 수도 있다. 그런데 우리 제품이나 브랜드가 차별화되지 않으면, 고객은 눌러 보지 않는다. 고객이 우리 제품을 궁금해하지 않는 상황인 것이다.

세 번째 문제 전환, 제품을 구매하지 않는다

광고와 홍보로 노출이 잘되고 차별화도 되어 고객이 상세페이지까지 유입된 상황이다. 상세페이지를 보고 당연히 고객이 제품을 구매할 것으로 생각했지만, 예상했던 것보다 구매하지 않는다. 결국 비싼 광고비만 날아가는 중이다.

로그분석을 보니 상세페이지에서 체류하는 시간도 그리 길지 않다. 상세페이지에 유입된 지 3초 만에 나가는 고객이 70퍼센트다. 상세페이지를 왜 자세히 보지 않는 건지 고민하게 된다. 고심해서 만든 제품이라 상세페이지를 꼼꼼히 살펴보면, 합리적으로 우리 제품을 구매할 수밖에 없을 텐데! 아쉬워하지만 그 속을 아는지 모르는지 고객은 구매하지 않고 냉정하게 다른 경쟁 업체로 넘어가 버린다.

자, 이렇게 노출, 유입, 전환 단계의 문제를 살펴봤다. 이 세 가지 문제를 모두 해결해야 고객이 제품을 구매하게 된다. 이 중 두 가지는 완벽하더라도 한 가지만 부족하면, 고객은 제품을 구매하지 않는다.

이 세 가지가 제품 구매 버튼을 누르기까지 하나의 흐름으로 연결되어 있기 때문이다.

첫 번째 해결, 아웃바운드와 인바운드

세일즈에는 아웃바운드와 인바운드라는 개념이 있다. 간단히 말해서 아웃바운드는 업체 측에서 고객을 찾아 나서는 것이다. 광고메일을 보내거나 전단을 돌려 고객을 끌어들인다. 반면 인바운드는 고객이 스스로 찾아오는 것이다. SNS나 홈페이지에 유용한 정보를 올리면, 검색이나 공유된 콘텐츠를 통해 고객이 유입된다. 즉 고객을 찾아서 가는 방법(아웃바운드)과 고객이 찾아오게끔 만드는 방법(인바운드)이다.

뜬금없이 세일즈 이야기를 한다고 생각할 수 있다. 하지만 온라인 판매도 큰 개념에서 보면 영업이다. 얼굴이 보이지는 않지만, 인터넷 상에서 고객들이 돌아다니는 것이다. 이 점을 이해해야 상세페이지를 잘 활용할 수 있다. 고객이 내 상세페이지에 어떤 방식으로 유입되는

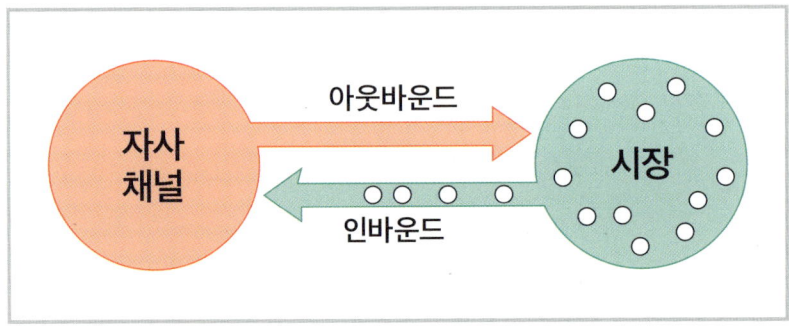

▲ 아웃바운드와 인바운드

지 이해하면 고객 맞춤 이벤트를 진행할 수 있다. 인스타그램을 통해서 내 상세페이지에 유입되는 경우가 많으면 스마트스토어의 광고는 크게 효과적이지 않을 것이다. 반대로 인스타그램에서 진행할 수 있는 이벤트를 상세페이지에 넣어서 고객의 반응을 늘릴 수 있다. 인스타그램 게시물의 반응을 이용해서 고객에게 판매 증거를 강조할 수 있을 것이다.

시장에 다가가는 많은 방법이 있지만, 대다수 판매자가 제품을 알리기 위해서 광고를 선택한다. 광고는 좋은 방법이지만, 유일한 방법은 아니다. 우리 제품을 알리기 위해 아웃바운드와 인바운드 개념을 활용한 방법을 살펴보자.

아웃바운드, 고객 찾아 나서기

우리 제품을 구매하려고 하는 고객은 주로 어디에 있을까? 제품 카테고리에 따라 다를 것이다. 육아와 관련된 제품을 판매한다면 맘카페와 같이 주부가 많이 포진한 곳에 가야 할 것이다. 그래야 육아 아이템에 대해서 흥미를 보일 것이다. 낚시와 관련된 제품을 판매한다면 당연히 낚시카페나 동호회, 같은 '커뮤니티'를 찾아야 한다. 그리고 그곳에서 마케팅을 진행하면 된다. 카페와 직접 제휴해도 좋고, 광고배너를 싣는 방법도 있다.

블로그 체험단을 진행해서 제품을 미리 경험하게 하고 체험단이 리뷰 글을 쓰도록 만들 수도 있다. 이 활동을 '깔아 놓는다'고 말하기도 한다. 우리 브랜드나 제품이 잘 보일 수 있도록 사람들 앞에 깔아 놓는 것이다. 특정 키워드에 최적화된 리뷰들을 체험단에게 포스

팅시킨다. 사람들이 해당 키워드를 검색하면, 우리 제품이 최상단에 노출된다.

　이 외에 은근하게 제품을 노출하는 방법도 있다. 대형 커뮤니티 외에도 지식인 같은 곳도 있는데, 댓글에 실제로 도움이 될 만한 내용으로 구성한다. 그래서 사람들이 자연스럽게 글을 단 사람의 프로필 등을 눌러 블로그나 상세페이지로 들어오게끔 만드는 것이다. 이때 고객에게 다짜고짜 제품 링크를 보내주는 방식으로 활동해서는 안 된다. 대놓고 광고성 글을 달게 되면 고객들이 큰 거부감을 느끼게 될 것이다. 그러면 시간만 버리고 안 하느니만 못한 활동이 된다.

　중요한 건 타기팅해야 한다는 점이다. 우리가 판매하려고 하는 그 제품을 살 만한 사람들이 주로 어디에 모여 있는지 파악해야 한다. 그래야 정확도가 높아질 테고, 들이는 수고에 비해서 더 좋은 성과를 가져올 수 있다. 아이를 위한 제품을 판다면 당연히 육아 중인 부부에게 파는 것이 나을 것이다. 비혼주의이거나 딩크족에게 아이를 위한 제품을 판다면 당연히 잘 팔리지 않을 것이다.

　타기팅을 위해서는 리스트업이 필요하다. 필자의 경험상 리스트업 할 때는 커뮤니티를 찾아다니며 한꺼번에 하는 것보다 제품을 준비하기 시작하는 단계부터 조금씩 조금씩 리스트업하는 것이 가장 효과가 좋았다. 한 가지 아이디어에 너무 매몰되기보다 카페나 커뮤니티 등에서 조금씩 활동하는 것이 중요하다. 그렇게 활동해왔던 대표 님들이 주로 좋은 판매 성과를 냈다. 왜냐하면 시장의 눈에서 멀어지지 않았기 때문이다. 차별화에만 너무 집중하다 보면 실제 니즈와는 전혀 다른 제품을 만들게 된다. 실제 니즈가 살아 있는 커뮤니티 등에서 감을 잃지 않도록 하는 것이 중요하다.

인바운드, 고객 스스로 브랜드 채널로 찾아오게 하기

광고 플랫폼이 늘어가면서 광고성 콘텐츠에 대한 반발이 굉장히 심해졌다. 내가 보는 콘텐츠가 광고인가 아닌가 하는 것이 매우 중요해졌다. 수많은 유튜버의 뒷광고 논란만 봐도 알 수 있다. 그리고 SNS가 발달하면서 팬문화가 더 발달하였다. 이에 따라 광고성 콘텐츠를 통해 제품을 구매하는 것보다 내가 팔로우하는 인플루언서의 제품을 구매하는 경향이 강해졌다. 이는 굳이 설명을 덧붙이지 않아도 우리가 모두 피부로 느끼는 사실이다.

제품 판매에 인바운드 개념을 넣는다면, 바로 이 팬문화가 될 것이다. 팬이 많아야 제품 노출이 자연스럽게 될 수 있다. 팬을 만들려면 당연히 얼굴을 노출해야 하고 이미지가 아주 멋지고 세련되어야 한다고 생각하는 분들이 꽤 있다. 하지만 제품 판매에 꼭 필요한 요소는 아니다. 인바운드 형식으로 제품 판매를 잘하는 분들의 흐름을 살펴보면 이렇다. 평소에 제품과 관련 있으면서 고객에게 도움이 될 만한 콘텐츠를 발행한다. 그래서 사람들의 팔로우를 모으는 것이다. 예를 들면 새로운 패션 제품을 구상하면서 겪게 되는 스토리를 연재하는 것이다. 어떤 것에서 영감을 얻어 패션 제품에 녹여내게 되었는지, 제품을 제작할 때 어떤 가치를 가장 중요하게 생각하는지, 공장과 연락하는 과정은 어떠한지, 제품을 제작하다가 실패했을 때 어땠는지 등을 여과 없이 솔직하게 업로드한다. 이 과정을 흥미롭게 지켜봐 온 고객이 제품을 구매한다. 고객은 콘텐츠를 통해 판매자와 가까워졌다고 여길 뿐만 아니라, 그 과정을 모두 지켜봤기 때문에 제품 제작이 진실성 있다고 느낀다.

　이런 식의 제품 판매 방식이 요즘에 급증하게 됐다. 인플루언서가 시작하는 사업이 잘되는 것이다. 고객들은 인플루언서가 끊임없이 노출해온 콘텐츠를 보면서 브랜드와 동화된다. 제작 과정을 지켜보면서 제품을 합리적으로 만들었다고 판단하게 된다. 아웃바운드와의 가장 큰 차이점은 바로 '간접' 콘텐츠를 통해 브랜드와 제품을 홍보한다는 점이다. 브랜드를 그냥 곧바로 내세우는 것이 아니라, 고객에게 은근하게 다가간다.

　정말 판매를 잘하는 분은 아예 제품을 제작하는 과정에서 고객에게 많은 부분을 맡겨버린다. 관객으로서 지켜보던 고객을 제품 생산자 영역으로 데리고 오는 것이다. "제품의 이 부분은 어떻게 진행할까요?" 하고 질문을 주기적으로 던지면서 말이다. 전통적인 개념의 제품 판매는 제품을 만든 이후에 고객들이 살지, 말지를 선택하는 소극적 선택에 가까웠다. 하지만 이제는 SNS에서 고객들의 반응을 미리 다 살펴보고 투표를 통해 결정한다. 고객이 직접 고른 제품이니 당연히 반응이 폭발적일 수밖에 없다. 혹은 제품을 생산하기도 전에 미리 구매할 고객이 얼마나 되는지 체크하기도 한다. 제품에 대한 니즈가 있는지 파악하는 것이다.

　이렇게 브랜드 채널을 만들고 사람들이 흥미를 느낄 수 있게끔 만든다. 노출의 인바운드 경향은 날이 갈수록 더 심해질 것이다. 사람들이 제품을 구매하면서 본인의 의사 표현을 하기 때문이다. 이제 고객은 제품을 구매할 때 내가 돈을 판매자에게 전달한다는 개념을 충분히 인지하고 있다. 그래서 제품이 아무리 좋더라도 본인이 생각하는 가치와 동일하지 않으면 구매하지 않는다. 이익을 남겨주고 싶어 하지 않는 것이다. 그런 의미에서 브랜드 채널을 통한 팬 만들기는 반드시 해야 한다.

회사 측면에서 고민해봤을 때, 노출 부분이 특히 약하다고 판단되면 조금 더 깊이 있는 고민이 필요하다. 여기 있는 방법들만 따로 세부적으로 분석해 놓은 책도 굉장히 많다. 인스타그램을 잘 운영하는 방법, 유튜브 채널 운영, 블로그 글쓰기 등 정말 다양한 방법이 있다. 본인에게 가장 잘 맞는 플랫폼을 선택하고 그 플랫폼에서 다른 플랫폼으로 조금씩 번져가는 방식으로 진행하면 된다. 플랫폼마다 노하우가 조금씩 다르기 때문이다.

아웃바운드와 인바운드를 통한 노출 방법은 이 책에서 주로 다룰 상세페이지와 긴밀하게 연관된 주제는 아니지만, 꼭 필요한 부분이라 함께 수록했다. 노출이 없으면 제품을 판매할 수 없기 때문이다. 실제로 상세페이지 관련 상담을 할 때, 제품 조회수가 거의 0에 가까운데도 상세페이지만 고민하는 분들이 있다. 이럴 때는 정말 안타까운 마음이 든다. 세일즈 퍼널 깔때기는 위에서부터 아래로 점점 좁아지는 구조다. 노출수가 많아야 전환되는 양도 커진다. 전환 확률을 높여야 하는 것도 매우 중요한 요소이지만, 노출이 없으면 아예 시작할 수 없다. 상세페이지에 고객이 유입되지 않으니 고객이 제품에 어떻게 반응하는지 살펴볼 수도 없다. 그렇기 때문에 노출, 유입, 전환 세 박자가 모두 맞아야 한다고 계속 강조하는 것이다.

두 번째 해결, 썸네일과 광고 소재

이제 상세페이지와 관련된 썸네일을 이야기할 차례다. 제품을 노출시켜도 사람들이 잘 유입되지 않는 데에는 두 가지 이유가 있다. 썸네일이나 광고 소재가 차별화되지 않거나, 고객이 원하는 게 아니거나 둘 중 하나다. 조금 더 구체적으로 설명하기 위해 한 가지 상황을 가정해보자.

우리가 특정 온라인 플랫폼에서 어떤 제품을 판매하기 위해 썸네일을 상단에 노출시키는 광고를 집행했다고 생각해보자. 그러면 이제 겨우 다른 제품들의 썸네일과 동일 선상에 서게 된 것뿐이다. 많은 플랫폼에서 광고임을 알리는 것보다 실제 상위노출된 제품들 사이에 광고 제품 썸네일을 끼워 넣는다. 광고 표시가 되어 있긴 하지만, 눈에 띄게 구분되지 않는다. 결국 다른 썸네일과 비교해봤을 때 '다른 점'을 만들어야 한다. 그래야 효율이 높아진다. 눈에 띄어야 사람들이 궁금해한다. 사람들의 호기심을 자극하는 썸네일을 만들어야 한다.

어떻게 하면 호기심을 자극하는 썸네일을 만들 수 있을까? 많은 판매자가 가장 잘 나온 사진을 정사각형으로 잘라서 썸네일로 사용하지만, 그것보다 더 적절하게 편집하는 방법이 있다. 두 가지로 갈래를 나눠서 썸네일 제작을 살펴보는 것이다. 하나는 고객에게 줄 수 있는 혜택, 그리고 다른 하나는 경쟁자들 사이에서 빛날 수 있도록 하는 의외성을 기준으로 썸네일을 제작한다.

세 번째 해결, 상세페이지 개선

어떻게 하면 고객들이 구매 버튼을 누르게끔 만들 수 있을까? 바로 상세페이지의 설득력을 높여 구매 전환율을 높이면 된다. 그럼 설득력 높은 상세페이지는 어떤 걸까? 고객이 스크롤을 끝까지 내려 보게끔 만드는 상세페이지를 말한다. 더 구체적으로 이야기하면 고객의 상세페이지 체류시간을 높일 방법을 연구하면 된다. 당연히 상세페이지를 끝까지 보게 되면 상세페이지에서 체류하는 시간도 높아지게 된다.

조셉 슈거맨의 책 《첫 문장에 반하게 하라》에는 이런 구절이 나온다. "첫 번째 문장의 목적은 두 번째 문장을 읽게 하는 것. 두 번째 문장의 가장 큰 목적은 세 번째 문장을 읽게 하는 것이다." 미국의 유명 카피라이터가 남긴 이 문장은 괜히 나온 것이 아니다. 사람은 자신이 오랜 시간을 투자한 것에 애정을 가진다. 내가 시간을 투자했기 때문에, 시간 낭비했다는 기분을 느끼고 싶어 하지 않는 것이다.

일단 상세페이지까지 들어온 고객은 어느 정도 제품을 구매할 의사를 가지고 있거나, 관심이 많은 사람들이다. 수고를 들여서 상세페이지까지 들어왔으니 말이다. 게다가 이제 막 시작하는 신생 브랜드의 제품을 보러 오다니! 그럼 상세페이지에 오래 체류할 것이라고 예상할 수 있다.

하지만 생각보다 많은 사람이 상세페이지를 내려 보지 않는다. 왜냐하면 스마트폰에는 재밌는 것이 가득하기 때문이다. 하나에 집중하기 힘든 환경이다. 조금 내려 보다가도 카톡 알림이 뜨면 금세 나가버릴 수 있는 게 바로 온라인 환경이다. 마트에서 직접 장 보는 상황을 떠올라보자. 일단 외출 나온 김에 이것저것 사게 되는 경우가 있지 않았는가? 그러나 온라인은 오프라인 환경과 반대다. 원하는 정보만 얻고 나가버린다. 상세페이지가 흥미를 끌지 못하면 금방 나가고 잊힌다.

어떻게 하면 상세페이지를 끝까지 보도록 만들 수 있을까? 바로 고객의 의심을 '단계별'로 해소해주면 된다. 이를 모르는 분들은 정말 막무가내로 고객에게 구매를 강요한다. 본인이 하고 싶은 이야기만 하는 것이다. 그것도 아니면 판매 의욕이 없어 보이게끔 디자인하는 경우도 많다. 그러면 고객은 지체 없이 나가버린다. 우리는 길거리에서 누가 힘으로 잡아끈다고 아무 상점에나 끌려 들어가지 않는다. 또한 판매 의사가 없어 보이는 식당은 인기가 없는 것도 마찬가지다. 구매 전환 문제는 상세페이지 개선으로 얼마든지 해결할 수 있다.

네 번째 해결, 재구매

노출, 유입, 전환 외에 한 가지 더 고려해서 하나의 사이클을 완성할 수 있다. 바로 '재구매'다. 말 그대로 우리가 파는 제품을 고객이 다시 구매하게끔 만드는 것을 말한다. 브랜드로 시작하는 것보다 위탁판매와 같이 판매를 먼저 해보신 분은 생소할 수 있다. 왜냐하면 상품 노출이 검색 위주로 (브랜드 채널 유입보다) 이루어지고 상위노출에 맞춰서 바뀌기 때문에, 우리 상품을 다시 검색해서 들어올 확률이 다소 낮기 때문이다.

만약에 우리가 선풍기를 상위노출로만 판매해왔다고 가정해보자. 그러면 고객은 검색한 뒤에 1페이지 내에 보이는 우리 제품의 썸네일을 보고 들어왔을 것이다. 시간이 한참 흐른 후 다시 선풍기를 구매해야 될 때 고객은 어떻게 할까? 애초에 관심 있는 브랜드라서 제품을 구매한 것이 아니기 때문에, 다시 검색창에 선풍기를 검색하고 이때의 상위노출된 제품 중에서 선택해 구매할 것이다. 이때 우리 제품이 1페이지 내에 없다면, 다시 우리 제품을 찾아 들어올 확률이 낮은 것이다. 다시 다른 경쟁 제품들과 처음부터 싸워야 한다. 결국 우리는 상위노출에 목을 매야 하는 셈이다. 그런데 상위노출을 위해서는 광고를 비롯한 많은 마케팅 비용이 소요된다.

그래서 재구매를 고려해야 광고 비용을 줄이고 단단한 브랜드를 꾸릴 수 있다. 고객이 찜해 놓는다든가, 구매했던 내역으로 들어가는 등의 구매의지가 있는 능동적 행위로 재구매할 수 있지만, 판매자가 상세페이지를 통해 유도하는 방법이 있다.

상세페이지에서 블로그 리뷰나 리뷰 이벤트를 진행하거나, 스토어 찜을 통해 고객들이 적립금을 받을 수 있도록 하는 것이다. 이렇게 스토어 찜을 해주고 나면, 제품의 퀄리티를 마음에 들어 했던 고객은 재구매할 수 있는 루트가 생기게 된다. 또한 고객에게 브랜드 소식을 알릴 수 있다.

배달로 디저트를 판매하는 한 대표자의 노하우를 공유하려고 한다. 리뷰 이벤트를 진행한 이후에 리뷰를 단 고객에게 시간이 오래 지난 후에 사장님 댓글을 달아주는 것이다. 사장님 댓글을 달면 리뷰를 달았던 고객에게 알림이 가게 된다. 이때 바로 사장님 댓글을 달아주는 것보다 그 디저트가 다시 생각날 즈음에 사장님 리뷰를 달아서 고객에게 알림이 가도록 의도하는 것이다. 음식 리뷰가 달린 '직후' 사장님 댓글을 달아준다면 방금 디저트를 먹었는데 또 먹을 확률이 낮지 않은가.

같은 맥락에서 온라인에서는 고객센터를 바로 연결시켜서 고객들이 새로운 소식을 받아볼 수 있게끔 진행하는 것도, 고객들의 문자나 메일로 할인 소식을 주기적으로 전달하는 것도 방법이다. 고객이 제품을 사용했을 즈음에 연락을 취할 수 있다. 특정 계절에 많이 쓰이는 제품이라면 해당 기간에 고객에게 알림이 가도록 할 수도 있다.

판매하는 제품이 재구매가 일어나기 힘들다고 판단해 아예 단념하는 분도 분명히 있을 것 같다. 어떤 사람이 우리 제품을 구매했다고 가정해보자. 그 사람은 이미 구매해서 한동안 우리 제품을 구매하지 않을 수 있지만, 우리 제품을 구매하고 난 뒤 리뷰를 작성해 다른 사람들, 즉 구매를 고민하는 사람들에게 긍정적 구매 영향을 끼칠 수 있다. 다른 사람이 구매로 연결되게끔 만드는 것이다. 이 같은 이유로 재구매에 대한 고민도 반드시 필요하다.

세일즈 퍼널을 적재적소에 적용하기

이 책에서는 노출, 유입, 전환 단계 중에서도 전환 단계, 즉 상세페이지에 들어온 고객이 구매로 전환되게끔 만드는 전반에 대해서 자세히 다룰 것이다. 본격적으로 상세페이지에 관한 설명을 하기 전에, 판매가 어떤 과정을 거쳐서 이루어지고 어떤 문제에 직면하는지 개괄하는 것이 선행되어야 한다. 그냥 단순히 상세페이지를 만드는 방법만 알면 다른 데 적용하기 힘들어진다. 예를 들어 우리가 제품을 판매하는 스마트스토어를 운영하고 있고, 여기에 적용할 수 있게끔 상세페이지를 만들었다고 가정해보자. 스마트스토어에서 먹히는 상세페이지는 어떤 것인지 어렴풋이 감이 올 것이다. 그런데 언제까지 한정된 플랫폼에서만 판매할 수 없다. 브랜드가 성장하게 되면 더 안정적으로 운영하기 위해 자사몰도 함께 운영해야 할 수도 있다. 새롭게 떠오르는 온라인 판매 플랫폼이 있다면 당연히 트렌드를 따라가기 위해 테스트해봐야 할 것이다. 새로운 신제품을 개발하게 되었다면 크라우드 펀딩 등을 통해서 홍보하는 게 전략적으로 나을 수도 있다.

그럴 때마다 새로운 것을 배우는 것보다 세일즈 원리를 변형시켜서 적용시키는 게 훨씬 합리적이고 좋은 결과를 불러온다. 판매 경험치를 쌓아주기 때문이다. 우리가 특정 채널에 입점할 때마다 채널에 맞는 상세페이지를 처음부터 생각해야 한다면 계속 새로운 일을 해야 하니 진이 빠질 수 있다. 그런데 세일즈 퍼널이라는 뼈대에 강조해야 하는 부분을 더 넣고 구조의 순서를 바꿔서 넣는다면, 상세페이지에 들어갈 내용을 금세 떠올릴 수 있을 것이다. 노출, 유입, 전환으로 연결되는 세 박자 중에 어떤 점이 잘못되었는지도 바로바로 체크해볼 수 있을 것이다.

예를 들어 크라우드 펀딩 상세페이지의 경우, 제품을 고객들에게 처음 선보이는 것이기 때문에 브랜드의 신뢰도를 높이는 것이 중요하다고 판단할 수 있다. 그러면 기본 상세페이지 구조에서 신뢰성 부분을 강조하면 된다.

잘 만든 상세페이지

지금까지 설명한 내용은 모두 한 가지 의문에서 출발한다. '잘' 만든 상세페이지가 무엇인가. 결국 '잘' 만든 상세페이지는 설득력 있는 상세페이지이고 고객이 다음 내용까지 쭉 읽고 싶어 하는 상세페이지라는 이야기를 하고 싶었다. 이것이 세일즈 퍼널에서 유입(썸네일)과 전환(상세페이지)에 해당하는 내용이다.

지금부터 잘 팔리는 업체들의 상세페이지를 살펴보고 공통점을 하나씩 뜯어볼 것이다. 그리고 그 속에서 패턴을 발견해 구조를 만들어볼 예정이다. 이 구조를 바탕으로 다른 플랫폼에서는 어떻게 변형시키면 되는지도 함께 설명할 것이다. 내가 만든 상세페이지를 점검하는 방법도 추가적으로 알아볼 것이다. 도대체 왜 이렇게 디자인해야 하는지, 이유에 초점을 맞춰서 설명했으니 차근차근 읽어본다면 어렵지 않다고 느낄 것이다. 그럼 지금부터 상세페이지 기획을 시작해보자.

> **Special page**

상세페이지, 대충 만들어도 팔리던데요

상세페이지 컨설팅을 하며 이런 질문을 받은 적이 있다. "상세페이지를 대충 만들어도 팔리는 사례가 있던데 어떻게 생각하세요?" 그 주장과 함께 어떤 특정 브랜드의 상세페이지를 보여줬다. 화면을 확인해보니 정말로 제품 앞뒷면을 찍어서 올린 게 전부였다. 상품 정보도 필수적으로 있어야 하는 내용만 딱 올려놓았다. 어떤 이벤트를 하지도 않았다.

그런데 살펴보니 판매수가 정말로 많았다. 사람들의 리뷰 건수도 상당히 많이 쌓여 있었다. 후기도 괜찮은 편이었다. 그분은 어쩌면 상세페이지를 제작하는 필자에게 어떤 메세지를 전하고 싶었던 것 같다. '상세페이지가 없어도 제품이 좋으면 이렇게 잘 팔릴 수 있어!'

그때 상담을 받는 그분의 눈빛에서 상세페이지 제작을 부담스러워하는 듯한 인상을 받았다. 필자는 이렇게 말씀드렸다. 이럴 때일수록 냉정히 따져봐야 한다고. 그 제품이 진짜 상세페이지만으로 팔렸는지 말이다.

일단 그 브랜드는 유명한 브랜드였다. 평소 관심 없던 카테고리였지만, 홈쇼핑에서 방송하는 것을 본 적이 있었다. 그렇다면 사람들은 홈쇼핑을 통해 알고 있는 브랜드이기 때문에, 따로 설명을 듣지 않아도 바로 구매할 수 있다. 홈쇼핑뿐일까? TV나 지면광고를 통해서 사람들에게 익숙한 브랜드를 생각해보자. 브랜드 이름만 보고 바로 구매하는 경우가 굉장히 많다. 해당 브랜드 정품이 맞는지만 확인하고 사는 것이다. 이렇게 인지도가 좋은 것 외에 다른 포인트가 있을 수도 있다. 인스타그램 같은 SNS 계정을 통해서 판매한다든가, 특정한 산업에서 꼭 필요한 다른 경쟁 제품 없는 유일한 상품이라던가, 제품 링크를 다른 곳에서 노출시켜서 유입이 곧 구매로 이어지게끔 다른 곳에 구매 전환구조를 만들어 놓았을지도 모른다. 그뿐만이 아니다. 판매자가 유명해서 팬이 엄청 많이 쌓인 상황이라든지, 어떤 유명인이 특별한 이유 없이 언급했든지, 온라인 판매 플랫폼에는 처음 진입하지만 이미 성숙한 브랜드라든지, 특정한 광고가 성공했든지 변수는 무수히 많다.

상품 판매는 판매채널도 다양하고 판매 방법도 많기 때문에, 다양한 변수가 있다. 방금 언급한 것 이외에도 정말 다양하다. 그래서 상세페이지만 똑 떨어트려 놓고 좋거나 나쁜 상세페이지를 구분하기가 어렵다. 브랜드 자산이 잘 갖춰지지 않은 상태에서 소위 말하는 '인지도가 좋은 잘 나가는 브랜드'의 상세페이지를 그대로 베끼면 당연히 잘 팔리지 않을 것이다. 앞에서 말한 잘 파는 업체의 기준을 설정한 이유는 상세페이지의 영향력이 크게 발생한 것 위주로 살펴보기 위해서다. 이 책은 좋은 상세페이지를 만드는 데에 집중하기 때문이다.

위 변수들을 생각해서 상세페이지를 그대로 내버려 둬도 된다는 의미일까? 그건 절대 아니다. 상품 판매를 해보신 분들은 아시겠지만, 상세페이지 전환율은 정말 소수점 단위의 싸움으로 이어지게 된다. 단 0.1퍼센트라도 전환율을 올리는 것이 중요하다. 유입수가 많아질수록 전환율을 높이는 게 효과적이기 때문이다. 그런데 아직 일어나지 않은 변수, 혹은 실행 불가능한 변수들을 고려하느라 전환율을 높일 수 있는 전략을 생략한다면 어떻게 될까? 당연히 경쟁력은 떨어질 수밖에 없다.

상세페이지는 소수점 단위 싸움이기 때문에, 하나하나 디테일을 고려할 때 완성된다. 그리고 상세페이지를 한 번 만든다고 해서 끝나는 것도 아니다. 상세페이지를 조금씩 수정해가면서 더 고객에게 와닿을 수 있는 상세페이지를 만드는 것이 중요하다. 이미 잘 파는 판매자는 상세페이지의 중요성에 대해서 너무 잘 알고 있고 끊임없이 고민한다.

그러니 특정한 브랜드의 사례만 보고 상세페이지 문제를 회피하지 말자. 처음에는 상세페이지 만드는 일이 부담스럽고 막막할 수 있다. 하지만 피할 수 없는 문제다. 상세페이지는 고객을 만나는 첫 얼굴이나 다름없기 때문이다. 고객은 제품을 보고 브랜드를 생각한다. (특히 자사몰이 아닌 경우에 더 그렇다.) 상세페이지 만드는 일에서 등 돌리게 되면, 스스로 고객을 향한 문을 닫는 것과 다름없다.

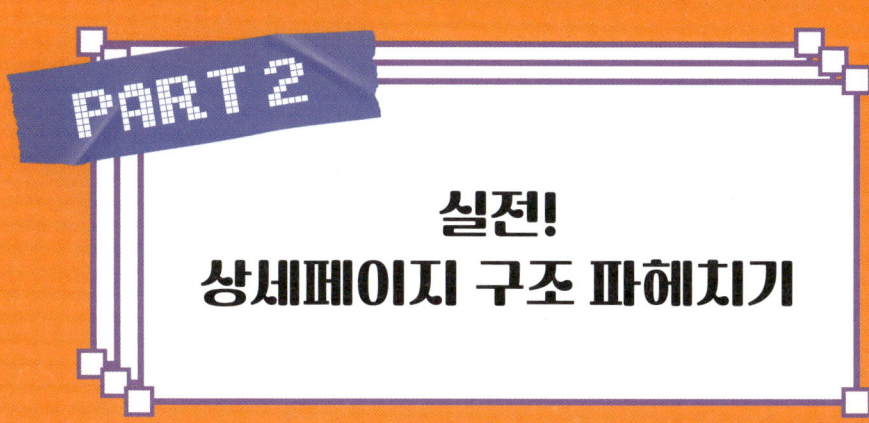

PART 2
실전! 상세페이지 구조 파헤치기

잘 파는 업체, 이렇게 조사했습니다

필자가 직접 팔아본 경험, 지금까지 만난 여러 업체 사례를 토대로 잘 파는 상세페이지의 공통점을 찾아냈다. 그리고 판매 고수의 노하우를 얻어내기 위해 시중에서 잘 팔고 있는 업체들도 조사했다.

'잘' 파는 업체는 다음과 같은 기준으로 선정했다.

❶ 공식 자사몰보다 온라인 커머스 플랫폼에서 강세인 업체
❷ 브랜드 파워보다 상세페이지에 신경을 많이 쓴 업체
❸ 제품의 특수성이 크지 않은 업체(유일한 기술로 경쟁하지 않는 업체)
❹ 브랜드 키워드만으로 제품을 판매하고 있지 않은 업체

제품 판매가 활발히 잘 되고 있다는 점 외에 위와 같은 네 가지 기준을 고려하여 업체를 선정했다. 상세페이지를 잘 만든 업체를 찾

기 위한 기준이었다. 제품 판매는 다양한 변수로 이루어지는데 외부 링크를 통한 상세페이지 유입이 주가 되는 경우, 상세페이지 자체의 영향력보다 다른 페이지의 영향력이 더 크기 때문에 제외하려고 노력했다.

예를 들어 어떤 브랜드에서 'A 연예인 생수'라는 이름으로 생수를 판매한다고 생각해보자. 그럼 그 'A 연예인'이라는 키워드가 너무 세기 때문에, 상세페이지의 영향력을 판단하기 어려울 것이다. 이 외에도 상세페이지의 스타일, 즉 얼마나 심미적으로 좋아 보이는가 하는 기준은 내세우지 않았고 너무 특수한 사례를 기반으로 판단하지 않기 위해 카테고리가 너무 좁은 업체는 제외했다.

잘 팔리는 상세페이지
9+1 단계 구조

잘 만든 상세페이지는 사람들의 의심을 해소해준다. 사람들이 처음 본 브랜드, 처음 본 제품이기 때문에, 시간을 들여 읽어도 괜찮겠다는 생각이 들게끔 만들어야 한다.

> 중요한 내용 = 상세페이지 상단

그래서 상세페이지 상단이 중요해진다. 고객은 제품 상세페이지에 들어왔을 때 가장 먼저 무엇을 볼까? 기본적으로 썸네일과 상세페이지 상단을 가장 먼저 본다. 게다가 요즘에는 상세페이지가 길어지면서 온라인 커머스 플랫폼에서 상세페이지 상단을 조금 보여주고 자르는 방식으로 고객들에게 상품을 보여준다.

예를 들면 쿠팡 같은 경우에 [상품 정보 더보기] 버튼을 눌러야만 상세페이지 하단을 이어서 볼 수 있도록 구성되어 있다. 그래야 너무 긴 상세페이지 때문에, 고객이 기다리는 불상사가 생기지 않는다. 대신에 버튼 바로 밑에 다른 제품으로 바로 넘어갈 수 있게끔 디자인 되어 있다.

▲ 쿠팡의 상세페이지 UX/UI 디자인

이런 형태의 디자인은 현재 대부분의 커머스 플랫폼에서도 시도하고 있다. 위 쿠팡 상세페이지 예시를 위에서부터 살펴보자. 썸네일을 눌러서 상세페이지로 들어왔을 때 기본적으로 이렇게 보인다. 상세페이지가 한번에 보일 것 같지만, 하단에 [상품정보 더보기] 버튼으로 상세페이지가 잘려 있는 모습을 확인할 수 있다.

이 밑에는 이 제품을 본 고객들이 구매할 법한 다른 제품들이나, 추천하는 다른 제품들, 또는 할인받을 수 있는 혜택에 대해서 설명해 놓았다. 해당 제품을 구매할 생각이 없는 고객이, 뒤로 가기를 눌러 전 페이지로 돌아가지 않아도 하단에 비슷한 제품을 보여주는 방식으로 구매를 은근히 권유한다. 함께 사면 좋은 제품을 넣기도 한다. 플랫폼 입장에서는 고객의 니즈를 충족시켜서 판매하는 것 자체가 중요하니까 최대한 다양한 제품을 소개해 고객이 지갑을 열도록 만든다.

이런 상황에서 우리 제품이 하나라도 더 판매되도록 만드는 게 중요하다. 상세페이지가 잘려 보인다는 사실을 알았으니 [상품정보 더보기] 버튼으로 잘리기 전에 고객에게 우리 제품을 샀을 때의 혜택을 바로 알 수 있게끔 만들어야 한다.

솔로몬 애쉬Solomon Asch라는 사회심리학자가 1946년에 한 가지 실험을 한다. 실험 참가자들에게 **A**와 **B** 두 사람에 대한 이미지를 제공했다.

A 똑똑하다, 근면하다, 충동적이다, 비판적이다, 고집스럽다, 질투심이 많다
B 질투심이 많다 고집스럽다, 비판적이다, 충동적이다, 근면하다, 똑똑하다

그다음 실험 참가자들에게 A, B 두 사람 중 어떤 사람에게 더 호감을 느끼는지 물어봤다. 그랬더니 참가자 대부분은 A에 더 호감을 느꼈다. 그리고 B에 비호감을 나타냈다. 사실 정보로만 따져봤을 때는 두 사람의 이미지 정보는 완전히 일치한다. 그저 순서만 반대로 바꿔 놓았을 뿐이다. 이 실험의 결과를 바탕으로 '초두효과'를 발견해낼 수 있었다. 초두효과는 처음 입력된 정보가 더 기억에 오래 남고, 뒤의 정보에 영향을 크게 미친다는 뜻의 용어다. 뒤에 있는 정보가 처음 정보에 미치는 영향력보다 말이다.

상세페이지도 마찬가지다. 사람들은 처음 본 정보를 더 중요하다고 느낀다. 고객은 첫 부분에서 더 읽을지 말지 결정한다. 고객이 궁금하게끔 만드는 요소, 중요하다고 생각하는 요소가 상단에 들어가야 이어서 읽게 된다. 자, 그러니 상세페이지에서 중요하다고 생각되는 부분은 상단에 올려야 한다. 우리 제품의 장점, 고객 커뮤니티에서 가장 고려하는 부분은 상단에 올려서 더 많은 사람이 읽을 수 있도록 만들어주자.

상세페이지 상단이 중요하다는 사실은 이제 모두가 알았을 것이다. 특히 고객들이 중요하다고 생각하는 정보, 흥미를 끌 만한 정보를 위에 올려놓는 것이 중요하다. 고객이 온라인 스토어에서 상품을 구매할 때 어떤 점을 가장 중요하게 생각할까? 그 순서를 고려해보면서 잘 파는 상세페이지를 분석해봤다. 다음과 같은 9+1 단계 구조를 찾을 수 있다.

다음 예시는 필자가 상세페이지 9+1 단계 구조가 잘 보일 수 있게끔 각색한 것이다. 독자의 이해를 돕기 위해 편집한 예시이기에 사

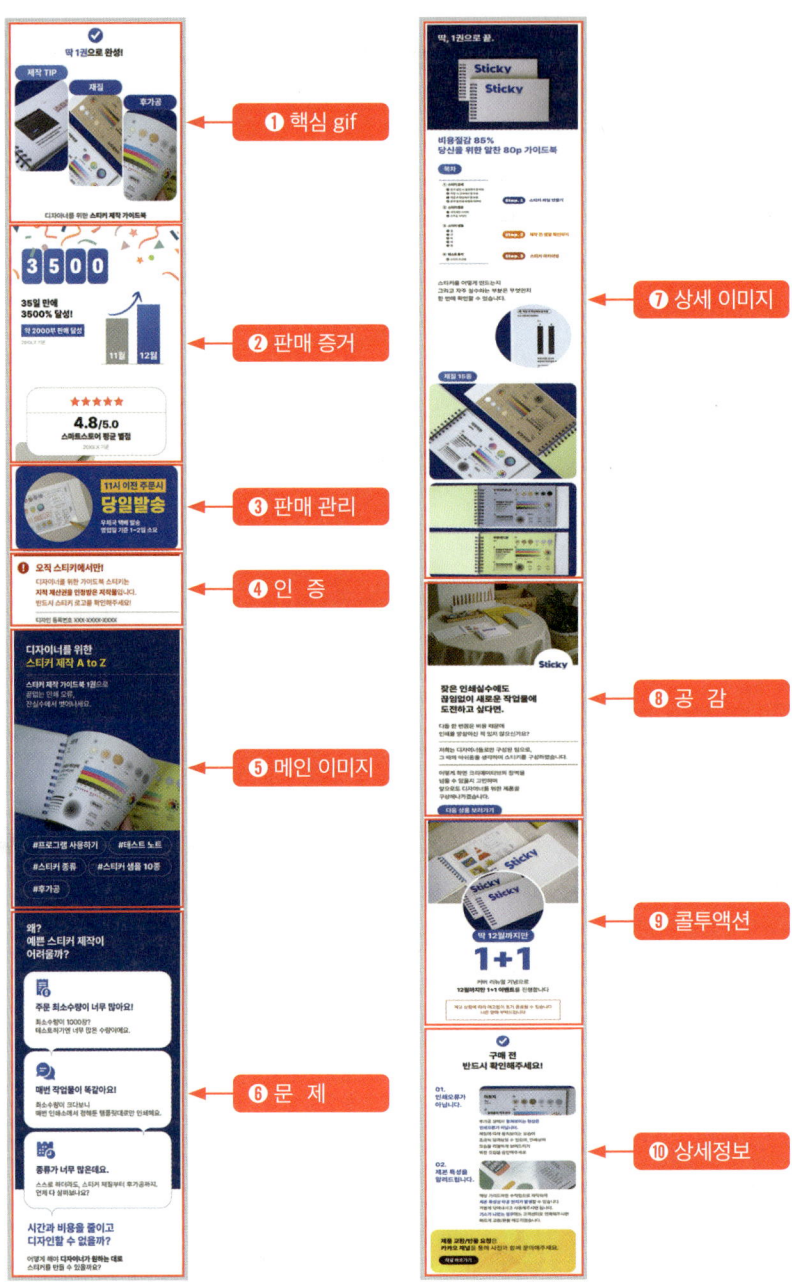

▲ 상세페이지 9+1 단계 구조

실과 다른 내용이 다수 있음을 감안하고 살펴보길 바란다. 어떤 식으로 상세페이지가 구성되고 흘러가는지 참고할 수 있을 것이다. 이 9+1 단계를 고객의 관점에서 바라보면 다음과 같은 형태가 된다.

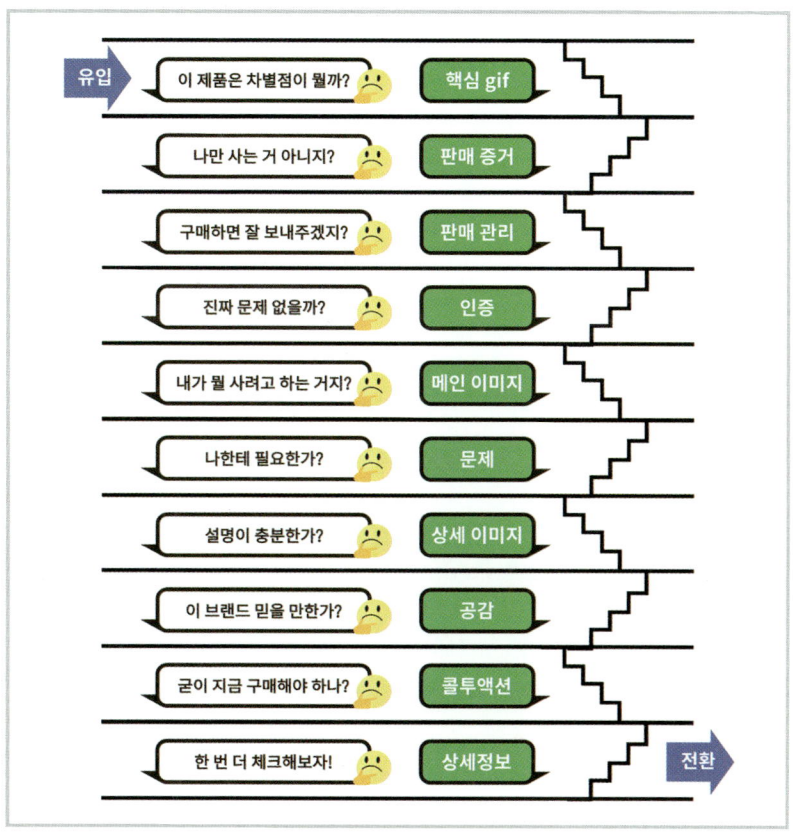

▲ 고객의 관점에서 본 상세페이지 9+1 단계 구조

이제 이 9+1 단계를 바탕으로 어떻게 상세페이지 흐름을 짜야 하는지 알아볼 것이다. 한 가지 당부를 드리자면, 필자가 설명하는 내용이 곧이곧대로 따라야 하는 정답은 아니라는 것이다. 앞서 우리는 이 상세페이지 구조를 여러 채널에 맞게끔 변형해야 한다고 배웠다.

어떻게 해야 우리 제품이 플랫폼에 어울리게 디자인될 수 있는지 살펴봐야 한다. 그뿐만 아니라 자기 브랜드가 어떤 부분에서 강한지 파악해서 강조하는 것도 필요하다.

최인철 서울대학교 심리학과 교수의 책 《프레임》에서는 평균으로 세상을 보는 프레임에 대해 언급한다. 지구가 둥글다고 하지만, 실상 지구 표면을 보면 산도 있고 계곡도 있어서 '완전한' 구라고 부를 수 없다. 그래도 우리는 평균적으로 '구'라고 부른다. 여러 가지 예외 상황과 특수성 때문에, 일반화하지 않으면 상세페이지의 패턴을 파악하기가 어렵다. 대신에 왜 이렇게 상세페이지 패턴이 짜여 있는지 파악함으로써 우리 브랜드에 맞게끔 변경할 수 있다.

이 글을 쓰는 필자 역시 상세페이지 컨설팅을 할 때면, 이미 가지고 있는 템플릿으로 모든 것을 적용하지 않는다. 새롭게 자료 조사를 해서 브랜드의 강점을 찾고 커뮤니티에서 고객의 니즈를 찾아낸다. 그리고 브랜드가 해낼 수 있는지 없는지도 함께 검토한다. 그리고 나서야 기존의 상세페이지 구조에서 살릴 점은 살리고 덜어내야 할 점은 덜어낸다. 자, 그럼 상세페이지 구조 상단부터 시작해보자.

> **유용한 팁** 상세페이지는 꼭 길어야 하나요?
>
> "상세페이지 길이는 꼭 길어야 하나요?" 간혹 이런 질문을 하는 판매자를 만난다. 판매자가 원래 생각했던 길이보다 상세페이지의 길이가 너무 길어지기 때문이다. 안에 들어가는 내용이 많아져서 준비해야 될 것도 많아지고, 부담도 커지는 것이다. 결론부터 말하자면 정보가 많은 상세페이지가 잘 판매되는 경우가 많다.

고객이 상세페이지를 아래로 내려보게 하는 것은 중요하지만, 꼭 끝까지 다 내려본 사람만이 구매하는 것은 아니다. 우리의 쇼핑 경험을 떠올려보자. 처음부터 내려보다가, 본인이 생각하는 구매 기준에 적합하다고 판단되면 바로 구매한다. 요즘에는 상세페이지 중간에서도 바로 구매 버튼을 누를 수 있게 되어 있다. 그러니까 상세페이지 스크롤을 내리느라 힘들지 않을까, 고민하지 않아도 된다는 이야기다. 오히려 정말 잘 팔리는 상세페이지 중에 같은 부분을 여러 번 반복하는 경우도 많다. 여기서 설명하는 상세페이지 구조를 빠지지 않게 체크하고 나서, 그 뒤에 플러스알파를 해주는 것이다. 그리고 그 전체 상세페이지가 로딩되는 데에 너무 오래 걸리지 않는지 체크하면 된다.

화장품 상세페이지를 예로 들어보자. 상세페이지의 상단에서 화장품의 비포 애프터 실험을 gif로 보여줬는데, 뒤에서도 한 번 더 그 gif를 보여주는 것이다. 화장품의 효능을 보여주기 위해서 강조하는 것이기도 하고 고객이 잊어버릴 수 있으니 한 번 더 강조해주는 용도일 수도 있다.

게다가 고객은 대부분 상세페이지를 꼼꼼히 읽어보지 않는다. 상세페이지 안에 들어간 메인 타이틀을 먼저 확인하고, 그 뒤에 정보가 더 필요하다고 생각되면 디테일한 부분들까지 체크한다. 그러니 여러 번 정보를 제공해서 고객이 읽을 수 있게끔 상세페이지를 구성하는 것이 적절할 때도 있다.

반대로 상세페이지가 길다고 해서 꼭 잘 팔리지는 않는다. 만약 상세페이지 길이만으로 고객이 구매를 선택한다면, 그냥 사진을 여러 번 반복해 올리는 것만으로도 판매가 될 것이다. 또 상세페이지 전체 용량 문제도 있다. 우리가 상세페이지를 올리면 고객의 70퍼센트는 모바일로 구매한다. 웹으로 구매하는 것보다 모바일로 구매하는 비율이 훨씬 높은 것이다. 모바일로 상세페이지를 보면 이미지 업로드 속도가 느려질 때가 있다. 상세페이지의 용량이 너무 무거워서 로딩 속도가 느려지는 것이다. 그럴 때 고객이 흰 화면에서 침착하게 기다린다고 생각하면 오산이다. 고객은 보이지 않으면 바로 나가버린다. 꼭 그 제품을 구매해야 하는 상황이 아니면 말이다. 그러니 상세페이지 용량을 줄이는 것도 중요한 것이다.

정리하자면, 가능한 제품의 구매욕구를 자극하는 정보를 충분히 제공하는 게 중요하다. 상세페이지는 여러 정보를 충분히 줬을 때 더 완벽해진다. 고객에게 정보를 따로 찾는 수고를 짊어지게 하지 말자.

핵심 gif,
이 제품만이 가능합니다

모바일 기기를 사용하는 사람들의 콘텐츠 소비습관이 점점 짧아지는 데 맞춰 숏폼콘텐츠가 주목받고 있다. 유튜브 영상을 봐도 단 몇 초 만에 이 영상을 끝까지 볼 건지 말 건지 결정하고, 다른 SNS에서도 너무 길지 않게 토막 낸 이야깃거리가 더 주목받는다. 오히려 줄글을 너무 길게 쓰면 아예 읽지도 않는다.

게다가 요즘에는 사람들이 영상 콘텐츠에 매우 익숙하다. txt(줄글)보다 jpg(이미지)가, jpg보다 gif(움직이는 이미지)가 훨씬 주목받는다. 왜냐하면 더 자극적이고 상황 파악도 더 잘되기 때문이다. 일단 이미지가 움직이면 사람들은 끝은 어떻게 되는지 보고 싶어 한다. 그래서 체류시간도 길어진다.

이런 트렌드에 맞게 최상단을 꾸민다면, 우리 제품의 핵심 기능을 gif로 보여주는 것이 당연하지 않을까? 상세페이지 최상단만 보고 살지 말지를 결정하는 경우도 아주 흔하다. 상세페이지를 본격적으로 시작하기도 전에 말이다. 그러니 우리 제품의 핵심 기능을 gif로 상단에서 보여줘야 한다. 직관적으로 보여주는 것은 gif가 동영상보다 더 적절하다. 앞서 설명했듯이 gif는 저절로 동작하지만, 동영상은 사용자가 한 번 더 클릭해야 볼 수 있기 때문이다. 그러면 우리 제품의 핵심 기능은 무엇일까?

많은 판매자, 특히 위탁판매가 아닌 제품을 직접 제작하는 판매자에게 흔히 목격되는 현상이 있다. 제품 자체에 너무 몰입해서 제품의 핵심 기능을 잘 뽑지 못하는 것이다. 이 부분도 좋고 저 부분도 좋고 이런 디테일한 부분까지 우리가 다 신경 썼는데 어떻게 하나만 고를 수 있겠느냐고 말하는 분을 종종 봤다. 그런데 여기서 말하는 제품의 핵심 기능은 판매자가 정하는 게 아니다. 고객이 보고 싶어 하고 궁금해하는 내용을 보여줘야 한다.

그 내용은 어떻게 알 수 있을까? 앞에서 자료 수집법을 강조한 데에는 이유가 있다. 이런 판단을 할 때 판매자 스스로 자의적으로 택하는 것이 아니다. 키워드와 근거를 바탕으로 내용을 선정할 수 있다.

고객의 호기심을 자극하는 방법

한번은 냉동 떡 판매 상세페이지를 의뢰받아 기획한 적이 있다. 제품의 상세페이지를 만들기 위해 커뮤니티를 조사했더니, 사람들은 냉동 떡 제품을 쪄냈을 때, 얼마나 쫄깃쫄깃한지를 가장 궁금해했다. 온라인에서 시킨 냉동떡이니 푸석푸석하지 않을지 고민한 것이다. 게다가 떡은 선물할 때도 많이 구매하기 때문에, 너무 맛없는 떡이 올까 봐 미리 검색하거나 리뷰를 살펴보는 경우가 많았다.

그래서 판매자에게 떡의 쫄깃함을 보여줄 수 있는 gif를 상단에 올리자고 제안했다. 떡을 두 손에 쥐고 쭈욱 늘려서 냉동 떡이라도 이렇게 쫄깃쫄깃하다는 것을 한눈에 알 수 있도록 했다. 그 결과 상세페이지를 올린 지 열흘도 안 되어 매출이 두 배 이상 상승했다.

치즈볼 같은 제품도 이런 방법을 적용할 수 있다. 두 손으로 쭉 늘린 식품을 찍어 gif로 올려놓으면 굳이 치즈가 쫄깃하고 맛있다고 텍스트로 소개하지 않아도 된다. 그냥 움직이는 이미지로 바로 확인할 수 있기 때문이다.

커뮤니티 조사를 하는 대신 판매자의 직관으로만 제품의 핵심 기능을 찾아낸다면 어떻게 됐을까? 커뮤니티의 반응을 잘 알고 있는 판매자라면 바로 어떤 gif를 만들지 바로 기획할 수 있겠지만, 그렇

▲ 고객이 중요하게 생각하는 식감을 표현한 이미지(출처: freepik.com)

지 않다면 아마 고객은 그렇게 흥미를 느끼지 않을 것이다.

식품 같은 경우 식감을 기준으로 찍으면 좋겠다는 직관이 생길 수 있다. 하지만 다른 제품들은 어떨까? 로봇 청소기의 경우 제품의 기능이 워낙 다양하다. 요즘 로봇 청소기는 먼지를 청소하고, 디퓨저 향을 충전할 수 있고, 걸레질도 할 수 있고, 먼지를 스스로 비우기까지 한다. 판매자 입장에서는 이 제품의 모든 기능이 중요하다고 여길 수 있다. 여기에서 고객들이 가장 원하는 핵심 기능은 무엇일까? 그 부분을 판단할 때 키워드 자료 조사가 반드시 필요하다.

커뮤니티를 조사해봤더니 핵심 기능이 한 가지로 추려지지 않을 수 있다. 그럴 땐 여러 개의 gif를 사용해도 괜찮다. 굳이 한 가지만 올릴 필요는 없다. 대신에 핵심만 간략하게 보여줄 수 있도록 해야 한다. 너무 gif 인트로가 길면 사람들을 자극하기 어렵다.

▲ 핵심 기능 비교 예시 이미지

이렇게 제품의 핵심 기능을 선정할 때 신경 써야 할 요소를 정리하면 다음과 같다.

> ❶ 제품의 핵심은 커뮤니티 반응에서 찾아낸다.
> ❷ 직관적으로 보여줄 수 있는 gif를 사용한다.
> ❸ 비교할 수 있다면 비교한다.

만약에 gif가 아니라 jpg로 떡의 쫄깃쫄깃함을 설명했다면 어땠을까? 쭉 잡고 늘어나는 캡처 이미지를 넣고 떡이 쫄깃쫄깃하다고 텍스트로 풀어내면 어땠을까? 그렇게 해도 의미 전달은 되겠지만, 고객이 직관적으로 판단하기 어려울 것이다. 그저 획 지나버릴 수 있다. 하지만 상단에서 gif로 표현하면 자연스럽게 제품의 특성이 강조된다. 또 다른 경쟁 제품과 비교하거나 시간이 지남에 따라 어떻게 달라지는지 비교하면 더 눈에 띌 것이다.

주로 쓰이는 표현 방법

판매 고수들은 주로 이런 종류의 gif를 많이 사용한다.

> ❶ 제품으로 인해 생기는 비포 애프터 영상
> ❷ 제품의 퀄리티(속도, 강도, 소재 등)를 보여줄 수 있는 실험 영상
> ❸ 경쟁 제품과의 비교 영상

이 중에서 우리 제품에 적용할 수 있는 gif를 사용하면 된다. 화장품 카테고리에서는 ❶과 같은 예시가 자주 쓰인다. 제품을 바르기 전이나 후로 나누어 보여주거나 며칠이 경과되어 피부결이 어떻게 정돈되었는지 보여주는 경우도 있다. 화장품뿐만 아니라, 기능을 보여줄 수 있는 거의 모든 카테고리에 쓰인다. 제품을 사용함으로써 비교적 빠른 시간 내에 비포 애프터가 확실히 보이는 제품 카테고리가 있다.

그런데 제품의 기능이 효과로 '즉시 보이지 않는' 제품들이 있다. 매트리스가 바로 그런 예이다. 허리 건강에 좋은 매트리스를 판매하고 있지만, 그 모습이 눈에 들어오지 않고 효과가 바로 나타나지도 않는다. 이런 경우에는 ❷와 같이 실험 영상을 사용한다. 무거운 물건을 매트리스 위에 떨어뜨리고 얼마나 매트리스가 안정적으로 흔들리지 않는지 눈으로 보여준다. 사람이 누웠을 때 무게로 인한 형태 변화가 얼마나 적은지 보여주기도 한다. 한때 유명했던 엄청나게 튼튼한 캐리어 광고 영상을 기억할지 모르겠다.

▲ 쌤소나이트 광고, 안재홍 커브 실험 영상(출처: 유튜브)

트럭이 밟고 지나가도 아무런 타격이 없는 캐리어 영상을 떠올리면 ❷와 같은 영상을 생각해낼 수 있다. 브랜드 자체적으로 테스트한 결과를 생생하게 보여주는 것이다. 그냥 정지된 하나의 이미지를 보여준다면 합성이라고 생각할 수 있다. 그러나 영상은 이미지에 대비해 꾸며내기 어렵기 때문에, 고객의 신뢰를 얻기 쉽다.

❸과 같은 경우에는 화면을 크게 2분할로 나누어 경쟁 제품과 비교한다. 해당 카테고리의 경쟁 정도가 크고, 지목할 만한 선두 업체가 있는 경우에 사용하면 좋다. 하지만 반대로 저격당할 수 있음을 주의해야 한다. 성능이 압도적으로 좋을 때 주로 활용한다. ❸과 같은 방법을 활용할 때는 세 가지 포인트를 강조할 수 있다. '빠르게', '힘들이지 않고', '한 번에' 이렇게 세 가지 부분에서 경쟁 제품이나 히트 상품을 이길 수 있다는 것을 보여주면 좋다. 스프레이형 청결 소독제를 판매하고 있다면 얼마나 빠르게 세균을 제거할 수 있는지에 중점을 두고 설명할 수 있다. 간편하게 스프레이 형태로 되어 있

▲ 직접 사용하는 모습을 Gif로 표현

어서 힘들이지 않고 번거롭지 않은 것에 중점을 두고 설명할 수 있다. 가방에서 스프레이를 꺼내고 손을 소독하는 모습을 3초로 짧게 만들어 보여줄 수도 있다. '한 번에'에 포인트를 둔다면 이 제품 하나를 구매함으로써 다른 제품을 추가로 구매하지 않아도 된다는 점을 강조할 수 있다.

이 세 가지는 어디까지나 고객들이 주로 선호하는 제품의 기능을 말한 것으로, 반드시 이 중에서 선택해야 한다는 뜻은 아니다. 어떤 내용을 수집하고 어떤 기능이 있는지에 따라서 활용할 수 있는 방법이 다를 것이다. 전혀 다른 포인트에서 제품을 강조할 수도 있을 것이다.

화면상에 제품이 얼마나 깔끔하게 나오는지도 중요하다. 그러나 그것보다 얼마나 꾸밈없이 보여줬는지, 얼마나 진실하게 제품의 성능을 보여줬는지가 훨씬 중요하다. 고객은 그 부분을 체크하고 싶어서 gif 이미지를 본다. 고객은 이제 상품 기능의 진위를 다각도로 체크한다. 리뷰로 체크하고, 후기로 체크하고, 유튜브로 한 번 더 검색해서 찾아본다. 결국 중요한 건 제품이 어떻게 보이는가보다 얼마나 신뢰를 주느냐이다. 그러니 제품이 예쁘게 보이는 것에만 집중하지 말자.

세 줄로 요약하기

우리 제품의 핵심 기능을 gif로 표현하기 힘든 경우가 있다. 이럴 때는 핵심 요약만 빼서 설명해도 된다.

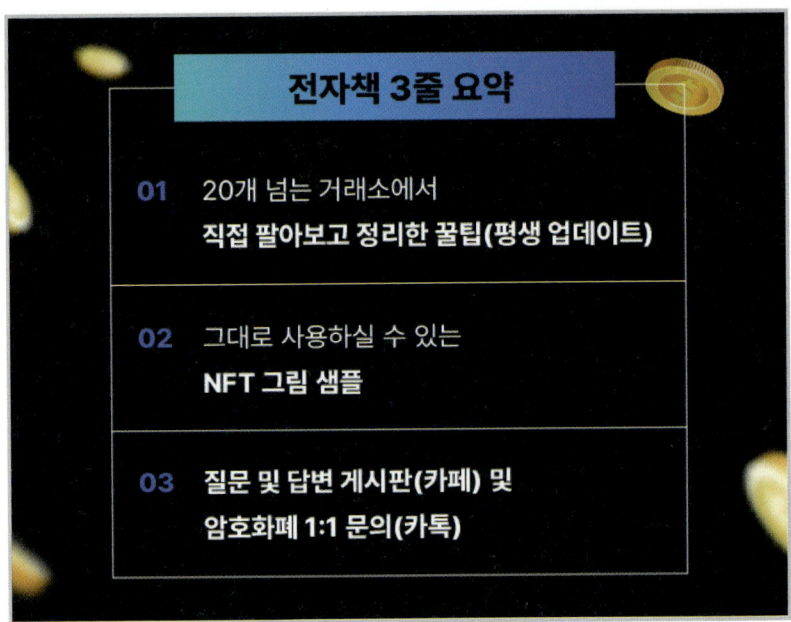

▲ 제품의 핵심 기능을 세 줄로 요약해서 전달한다

전자책 같은 경우 업로드하는 과정을 짧게 끊어서 녹화하고, 이를 gif로 만들어도 된다. 하지만 그런 과정을 만들기 어려울 때, 또는 복수의 내용을 강조해야 할 때는 위 예시와 같이 핵심 기능을 표현할 수 있다. 굳이 상세페이지를 끝까지 내리지 않더라도 고객이 제품의 내용을 한 번에 알아챌 수 있도록 말이다.

세 줄 요약을 작성할 때 가장 중요한 점은 글을 조금 읽게 만들어야 한다는 것이다. 그리고 혜택이 중복되지 않고 직관적으로 이해할 수 있게끔 만들어주면 좋다.

판매 증거,
많은 분이 구매했습니다

우리가 온라인 쇼핑을 할 때 막상 주문했던 제품이 마음에 들지 않았던 경험을 누구나 한 번쯤 해봤을 것이다. 구매하고 보니 이미지와 전혀 달랐다든가, 배송이 어마어마하게 느리다든가, 잔 기스가 많았다든가 하는 경험을 안 한 사람이 있겠는가. 그래서 제품을 주문할 때 다른 사람들이 주로 사는 것을 찾게 된다. 리뷰를 보는 것이다. 그래서 고객은 대부분 상세페이지를 보는 대신 바로 [리뷰] 탭을 눌러서 다른 구매자의 반응부터 확인한다. 네이버 스마트스토어상의 상세페이지 형태를 살펴보자.

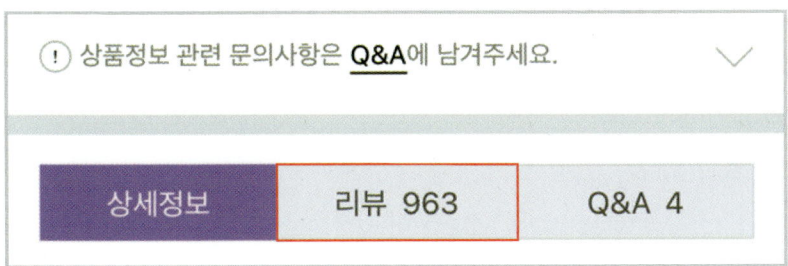

▲ 네이버 스마트스토어 상세페이지 내에 보이는 리뷰 탭 버튼

상세정보 바로 옆에 [리뷰] 탭을 만들어서 확인하기 좋다. 상품을 내려보지 않아도 [리뷰] 탭으로 바로 넘어갈 수 있게끔 디자인되어 있다.

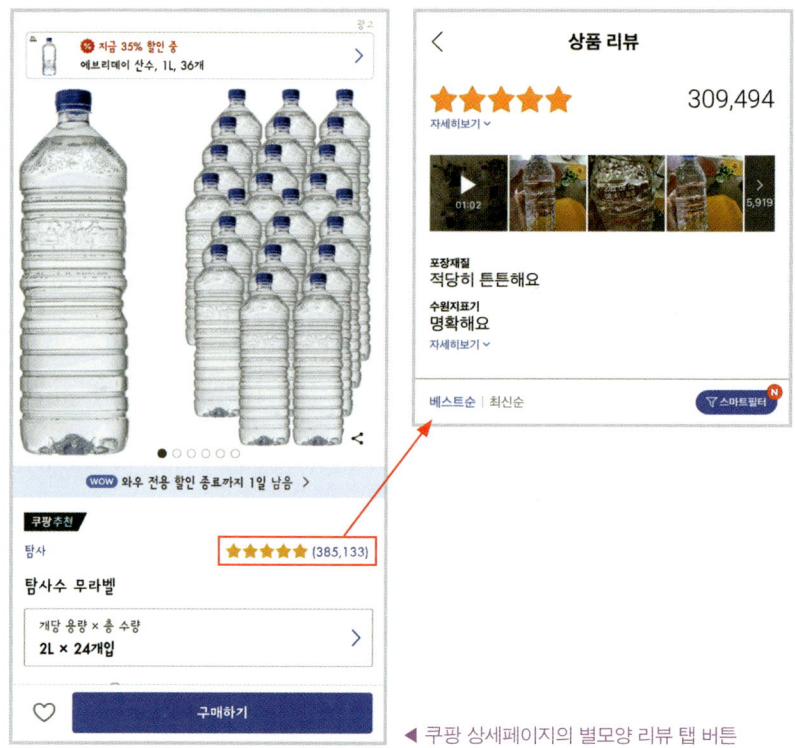

◀ 쿠팡 상세페이지의 별모양 리뷰 탭 버튼

쿠팡 같은 경우 별모양의 버튼을 클릭하면 리뷰를 자세히 볼 수 있도록 디자인했다. 별모양을 누르면 고객들이 주로 어떤 반응을 보였고 어떻게 제품을 사용하고 있는지 살펴볼 수 있다. 스마트스토어와 쿠팡 외에도 거의 모든 쇼핑 채널에서 리뷰 탭을 따로 마련해 놓았다. 이렇게 판매채널을 통하지 않은 자사몰 같은 경우에도 기본적으로 리뷰 탭을 바로 들어갈 수 있도록 UI가 구성되어 있음을 볼 수 있다. 플랫폼들은 보통 '상세정보-리뷰-상품정보' 순으로 UI를 구성한다. 일부 고객은 오로지 리뷰 탭만 보고 구매를 결정하기도 한다. 시중에 워낙 제품의 종류가 많아서 어떤 걸 살지 고를 때 그냥 인기가 많은, 제품 리뷰가 많이 쌓여 있는 제품, 별점이 낮지 않은 제품을 구매하는 것이다.

일상에서 흔히 겪는 일을 사례로 들어서 리뷰의 중요성을 설명하고자 한다. 오래전 팔지 못한 재고를 처리하기 위해 중고마켓에서 제품을 판매한 적이 있었다. 제품을 업로드한 후 조회수는 빠르게 올라갔다. 하지만 문의 연락이 오지 않았다. 다른 제품들보다 더 저렴하게 올렸는데도 말이다. 그래서 드문드문 판매를 진행했다. 그렇게 조금씩 판매하다가 한 구매자께 서비스로 제품을 덤으로 조금 더 드리면서 제품을 잘 받으셨다면 게시글에 리뷰를 작성해달라고 부탁드렸다. 그 구매자는 흔쾌히 요청을 들어주셨고 제품을 잘 받았다고 리뷰를 써주셨다. 질 좋은 제품을 꼼꼼하게 포장해 보냈기 때문에, 당연히 좋은 리뷰를 받을 수 있었다. 그 이후 갑자기 제품 문의 댓글이 많이 달리기 시작했다. 리뷰가 0개였을 때에는 전화번호를 통해 드문드문 오던 구매 문의 연락이 단 한 개의 리뷰가 달렸을 뿐인데 제품 문의가 급증한 것이다. 그렇게 이 중고제품을 모두 처분할 수 있었다.

이 과정에서 중요한 두 가지를 얻을 수 있었다. 첫째, 리뷰가 달려 있지 않으면 구매욕구를 자극하지 못한다는 점이다. 둘째, 고객은 첫 리뷰 작성을 꺼린다는 점이다. 생각해보니 다른 고객 대신 총대를 메고 작성한다는 느낌이 있는 것 같다. 그래서 다른 사람이 먼저 리뷰를 작성해 물꼬를 터주기를 기다렸으리라.

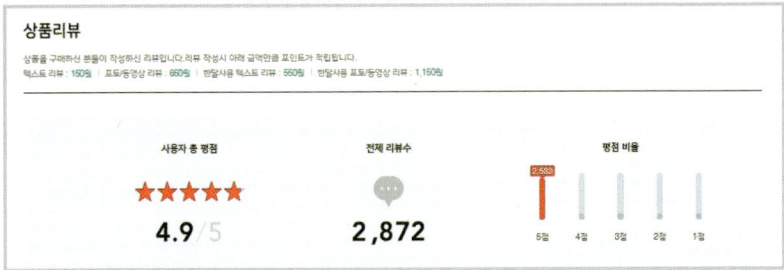
▲ 스마트스토어 상세페이지의 상품 리뷰 탭

　일단 많이 팔리는 상품은 눈에 띈다. 왜 저 제품이 팔리는지 사람들이 궁금해하기 때문이다. 또 왠지 나만 혜택을 놓치고 있는 것 같은 기분이 들기도 한다. '얼마나 좋은 제품이길래 저만큼 팔리는 거지?' 하는 궁금증도 샘솟는다. 그래서 리뷰의 개수 때문에, 상위노출된 제품이 잘 버티는 경우도 굉장히 많다. 쌓여 있는 리뷰가 다시 리뷰를 부르는 것이다. 고객들은 상세페이지에서 제품 경쟁력을 말하는 것보다, 다른 곳에서 들은 소식을 더 신뢰한다. 즉 자기가 자신을 칭찬하는 것보다 제삼자로부터 미담이 자연스럽게 들리는 것이 더 신뢰할 만하다고 판단하는 것이다. 그래서 판매자가 제품을 자화자찬하는 것보다 리뷰를 보고 제품의 퀄리티를 판단한다. 이렇게 리뷰가 중요하지만, 우리가 통제하기 힘든 범위이기도 하다. 리뷰 이벤트를 통해서 사람들의 긍정적인 리뷰를 쌓을 수 있겠지만, 그렇다고 모든 고객이 별 다섯 개의 리뷰를 쓰지 않는다.

　사실 리뷰가 중요하다는 것은 초보 판매자도 알 정도로 너무 당연해졌다. 그러면 리뷰를 어떻게 보여줘야 할까? 리뷰는 실구매 고객의 리뷰, 체험단이나 셀럽의 리뷰, 지금까지 판매된 양을 통해 효과적으로 보여줄 수 있다. 지금부터 이 내용을 자세히 살펴보도록 하자.

실구매 고객의 리뷰

스토어에서 판매하다 보면 리뷰가 자연스럽게 쌓이게 된다. 그 리뷰를 상세페이지에도 올리면 된다. 그런데 이때 쌓여 있는 리뷰 중에서 어떤 리뷰를 선택할지가 관건이다. 쌓여 있는 리뷰를 전부 올릴 수는 없으니까 말이다.

상세페이지에 들어오자마자 리뷰 섹션을 눌러 확인하는 고객이 많다. 그럼에도 불구하고 상세페이지에서 다시 한번 리뷰를 넣는 이유는 '특정 기능'을 강조하기 위해서다. 앞에서 우리 제품의 핵심 기능을 브랜드가 자체적으로 정하는 게 아니라, 자료 조사를 통해서 정하는 것이라고 설명했다. 리뷰도 마찬가지다. 사람들이 중요하다고 생각하는 요소를 담아야 한다. 예를 들어, 로봇 청소기의 소비자 초점은 기계의 소음과 세정력이다. 그러면 그 두 가지를 강조할 수 있는 리뷰를 추리면 된다. 그래야 다른 고객이 리뷰를 보고 '내가 찾던 그 기능이야!' 하고 생각하게 된다. 보통 누가 사고 어떻게 활용했다는 '타깃+상황'이 들어간 리뷰가 더 유용할 때가 많다.

많은 판매자가 길게 작성된 리뷰 중에서 고르는데 확실히 성의 없이 쓴 리뷰보다는 낫지만, 그것이 무조건 최선이라고 생각하지 않는다. 왜냐하면 고객도 리뷰가 인위적인지 아닌지 파악할 수 있기 때문이다. 오히려 담백하지만 제품의 핵심 장점을 담고 있는 리뷰가 훨씬 효과적이다. 더 자세하게 알아보자.

리뷰는 이렇게 표현하세요

첫 번째 방법은 편집된 이미지 대신에 날 것의 이미지를 활용하는 것이다. 예를 들어보자. 카카오톡 대화창을 그대로 캡처해서 올리는 것과 카카오톡 대화처럼 구성해서 꾸며내는 것 중에 어느 것에 더 믿음이 갈까? 당연히 카카오톡 대화창을 그대로 캡처하는 것이 더 신뢰를 얻기 쉬울 것이다. 고객은 새로 한 디자인을 보고 내용을 편집했다는 느낌을 받기 때문이다. 디자인이 깔끔한 것과 신빙성을 주는 것은 별개의 문제다. 꼭 필요한 상황이 아니라면 리뷰는 그대로 넣는 것이 좋다.

간혹 왜 이렇게 지저분하게 디자인했지 싶은 리뷰 부분도 많이 보

◀ 리뷰를 통해 보여주는 판매 증거

인다. 리뷰를 그대로 캡처해서 쌓아 놓은 것처럼 디자인한 것이다. 보기에는 지저분해 보일 수 있어도 보정 없는 날것의 반응을 넣은 것처럼 보인다. 정리해서 넣는 것보다 훨씬 많은 사람이 구매한 것처럼 보이는 효과를 주기도 한다. 설령 이미지가 깨져 보일지라도 말이다. 꼭 그대로 올리는 것이 답은 아니지만, 이런 효과가 있다는 것을 인지하고 있어야 한다.

리뷰는 이렇게 정리하세요

두 번째 방법은 리뷰를 올릴 때 강조할 부분을 정리하는 것이다. 우리가 선택한 리뷰를 보면 대부분 텍스트의 양이 많을 것이다. 보통 그 내용을 그대로 캡처해서 올리는데, 이때 그 텍스트를 모두 읽는 고객은 많지 않다. 눈에 띄는 핵심 키워드를 골라내서 읽을 것이다. 그래서 잘 파는 고수의 상세페이지에는 리뷰에 강조하는 장치를 넣는다. 강조하고 싶은 내용에 밑줄을 긋거나 형광펜 처리를 하는 것이

◀ 리뷰의 중요한 포인트를 강조한 모습

다. 또는 리뷰 하단에 중요한 내용을 따로 정리해두기도 한다.

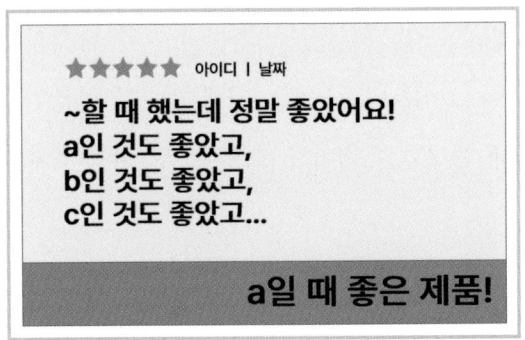

◀ 리뷰의 중요한 내용을 하단에 정리한 모습

 말풍선 형태로 만들어서 고객들이 봐줬으면 하는 부분을 한 번 더 강조하기도 한다. 고객이 읽을거리를 줄여주는 것이다. 그러면 그냥 휙 넘기게 되는 상황이더라도 키워드는 남게 된다. 이렇게 두 가지 방법을 고려해서 리뷰를 효과적으로 보여준다.

체험단, 셀럽의 리뷰

고객의 리뷰 대신에 체험단, 셀럽의 리뷰를 넣는 경우도 있다. 이 경우는 리뷰 사진의 퀄리티가 중요할 때나 브랜드 이미지를 만들어주어야 할 때 많이 진행한다. 일단 리뷰가 없어서 체험단을 진행하는 경우도 많이 봤다. 체험단과 셀럽의 제품 리뷰를 통해 잠재 고객들에게 제품의 어떤 점이 좋은지 설명한다.
 이때도 상세페이지에 실구매 고객들의 리뷰를 올리는 것과 같이 생생한 정보를 그대로 올려주면 좋다.

카카오톡이나 DM, 블로그 후기 등을 이용해서 만들어도 된다. 아예 리뷰를 확인할 수 있는 링크를 올려서 확인해도 된다는 업체도 봤다. 물론 마켓플레이스에서는 이런 링크를 허용하지 않는다. 그러나 쇼핑몰을 구축해서 운영 중이라면 상세페이지에 링크를 올리면 클릭 한 번으로 자연스럽게 연결되는 배너가 생성되므로 적극 활용해보자.

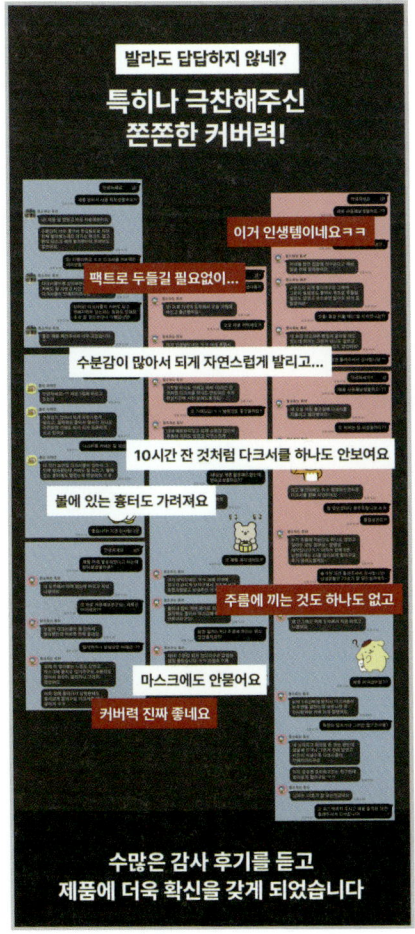

◀ 체험단 리뷰를 캡쳐해 사용한 예시

체험단이나 셀럽을 선정할 때는 우리 브랜드의 톤과 잘 맞는 사람을 고를 수 있다는 장점이 있다. 그냥 사진을 아무렇게나 찍어 올리는 사람보다 사진을 잘 찍고 일상에서 자연스럽게 제품을 녹아들게 할 수 있을 만한 센스 있는 사람을 선정하는 게 더 좋다. 리뷰의 퀄리티가 올라가니 말이다. 특히 원츠 카테고리의 제품은 소속 집단을 대표하기 때문에, 더 까다롭게 선정해야 한다.

또한 체험단이나 셀럽의 리뷰를 받을 때는 제품의 어떤 면에 대해 리뷰해달라고 요청하면 효과적으로 이벤트를 진행할 수 있다. 그냥 단순히 "우리 제품 어때요?" 하고 묻는 것보다 "제품의 ○○면은 어떤가요?", "제품을 사용하면서 ○○할 때 불편한 점은 없었나요?" 등 구체적으로 질문해야 한다. 그러면 체험 이벤트를 제공받는 입장에서도 풍성하게 글을 써줄 수 있을뿐더러 글의 요지를 잃지 않을 수 있다.

구매한 고객들에게 리뷰를 요청하는 이벤트를 진행하는 곳도 굉장히 많은데, 리뷰가 점점 더 중요해지기 때문이다. 그러니 리뷰 이벤트도 여건이 된다면 꼭 진행하는 것이 좋다. 아무리 작은 이벤트라도 말이다.

지금까지 판매된 양

지금까지 판매된 양을 표현하는 것도 좋은 방법이다. 이때 판매된 양은 두 가지로 나눠서 설명할 수 있다. 하나는 지금까지 누적된 판매량이고 다른 하나는 제한된 기간에 판매된 양이다. 예를 들어 계절의 영향을 많이 받는 제품이라고 가정해보자.

◀ 기간을 6개월로 한정해서 강조한 상세페이지

이런 경우에 1년을 기준으로 판매된 양을 표현하는 것보다 잘 팔리는 특정 계절을 중심으로 판매된 양을 표현하면 더 효과적이다. (언제부터 언제까지 팔린 양이라고 함께 표시하면 된다.) 짧은 기간 동안 폭발적으로 판매한 것처럼 보인다.

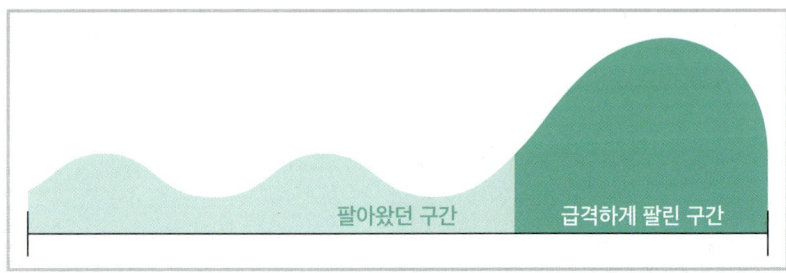

▲ 트렌디한 제품을 판매하는 경우

다른 경우를 생각해보자. 오랫동안 업체를 운영해왔던 곳이라면 제품의 판매량이 엄청나게 누적되어 있을 것이다. 이 경우 판매되어 왔던 시간과 판매량을 통해 업체의 신뢰성을 높일 수 있다.

▲ 오래 제품을 판매한 경우

우리에게 더 적합한 표현 방식을 선택해서 진행하면 된다. 판매된 양을 정할 때는 온라인 스토어 기반으로만 생각하지 않아도 된다. 오랫동안 오프라인 판매를 해왔지만, 온라인 판매는 처음이라 판매량이 거의 없는 경우가 있을 수 있다. 이때는 그냥 판매량을 공개하지 않고 상세페이지를 만들면 된다. 이제 온라인 판매를 통해 서서히 판매량을 올리면 되는 것이다. 하지만 필자가 중고마켓에서 물건을 판매했던 사례를 떠올려보자. 리뷰가 없으면 팔릴 확률이 확연히 떨어진다. 신뢰도가 떨어지는 것이다. 마중물을 넣기 위해서 우리는 다른 곳에서 판매되었던 것들까지 가져와야 할 때가 있다.

  판매해보지 않은 것을 판매했다고 고객을 속이라는 의미가 아니다. 다른 곳에서 판매된 것을 밝히고, 사람들의 반응이 어땠는지 표현해주자. 홈쇼핑에서 판매됐던 제품일 수도 있고 오프라인 매장에 수만 개씩 납품되던 제품일 수도 있다. 상품성을 인정받고 해외에서 판매되었거나 단체 구매를 많이 한 제품일 수도 있다. 판매되었던 내용을 인증할 수 있는 이미지가 덧붙여진다면 더 금상첨화다. 매장 매대에 우리 제품이 깔린 이미지, 홈쇼핑 화면을 캡처한 이미지가 있다면 신뢰를 살 수 있다.

  이런 내용을 예사로 여겨 지나치지 말자는 뜻이다. 이렇게 상세페이지를 구성하고 나중에 온라인 판매량이 늘어나게 되면 그 판매 내용을 덧붙여주면 된다. 온라인에서 판매되고 리뷰가 쌓인 모습이 고객에게 더 와닿기 때문이다.

  판매된 양을 보여줄 구간을 설정하였는가? 그럼 이제 그 내용을 어떻게 보여줄지도 구성해볼 수 있다.

▲ 판매 증거 누적 판매량 gif 이미지

위 이미지는 gif의 처음과 끝을 캡처한 이미지다. 숫자들이 차례로 올라가면서 표현하고자 하는 텍스트인 10만 개에서 멈추는 이미지다. 그냥 정지된 이미지로 보여줘도 되지만, 이렇게 모션을 주면 훨씬 눈에 띈다. 앞서 강조한 텍스트보다 이미지가, 이미지보다 움직이는 이미지가 더 눈에 띈다는 점에서 그렇다.

판매 관리,
무사히 보내드립니다

우리나라에서 빠른 배송으로 대박 난 브랜드가 있다. 바로 쿠팡과 마켓컬리다. 쿠팡은 2014년부터 로켓배송으로 사람들에게 단 1일 만에 배송하는 서비스를 만들어냈다.

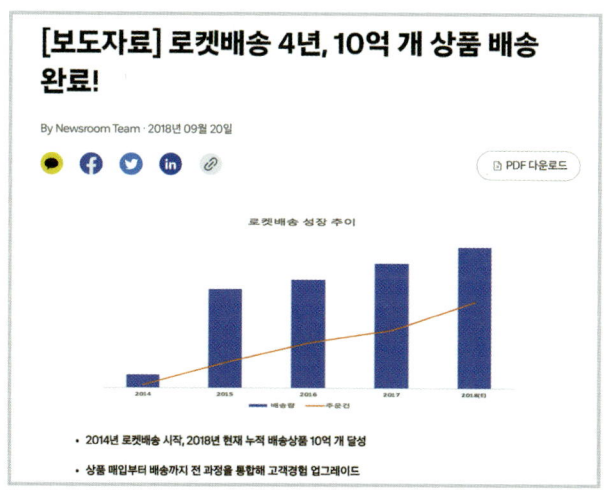

▲ 로켓배송의 급격한 성장(출처: 쿠팡)

마켓컬리는 새벽배송으로 전날 구매해서 아침에 받아볼 수 있는 배송 시스템을 구현했다. 이 외에도 올리브영에서는 오늘드림 서비스를 운영하고, 이마트에서도 당일 쓱배송을 진행한다.

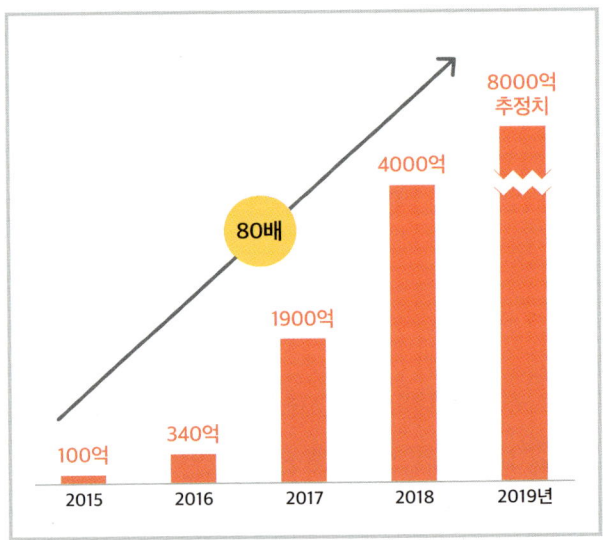

▲ 5년 동안 80배 큰 새벽배송 시장

이처럼 우리나라 사람들이 빠른 서비스를 선호한다는 사실은 누구나 알고 있을 것이다. 판매 관리 단계는 그 부분에서 생기는 우려를 해소해준다. 누가 느리게 배송되는 제품을 선호할까? 그러니 브랜드가 제품을 빠르게 배송해줄 수 있다는 점을 어필해야 한다. 이 단계에는 발송 마감 시간, 고객센터 정보, 상품검수 등의 정보를 제공한다.

고객에게 발송마감 시간 알려주기

다음은 판매자가 많이 활용하고 있는 문구다. 인터넷 쇼핑을 할 때 이런 문구를 무수히 많이 보았을 것이다.

▲ 당일 발송 문구

발송 마감되는 시간을 알려서 고객에게 빨리 주문하라고 어필할 수 있다. 그리고 당일 발송되는 제품이라는 것도 함께 어필할 수 있다. 당연히 당일 발송이 안 된다면 익일 발송 등으로 고쳐서 넣어도 된다. 하지만 고객들은 항상 빠른 배송을 원한다는 점을 기억하자.

▲ 배송 안내 이미지 예시

이렇게 문구를 넣은 뒤에 통상 며칠 뒤에 도착하는 지도 넣어주면 좋다. "2영업일 뒤에 도착합니다"와 같은 방식이다. 발송일을 알 수 있고 고객이 도착일을 예상할 수 있게끔 만들어주는 것이다.

바로 연락할 수 있는 고객센터 정보

이어서 고객센터 정보를 넣어주면 좋다. 고객센터 정보 단계에서는 연락이 바로 닿을 수 있는 연락처를 간단하게 넣는다. 특정 날짜에 보내야 하는 상품이라면 고객센터에 연락해서 날짜를 조정할 수 있음을 알려도 좋다. 상세페이지에 고객센터 정보를 넣으면 고객은 제품, 배송 등에 문제가 생겼을 경우, 빠르게 연락이 가능하다는 점을 무의식적으로 알 수 있다.

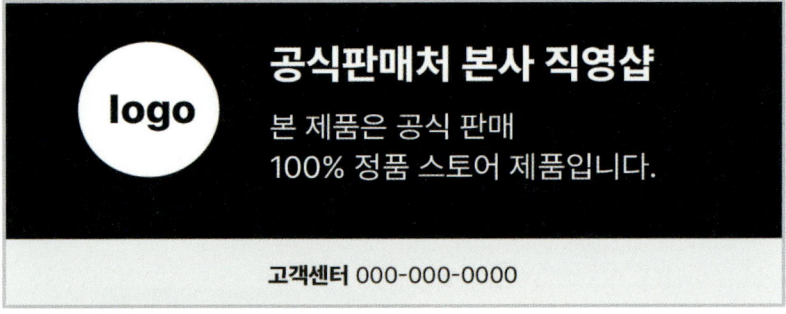

▲ 고객센터 연락처는 바로 연락이 가능한 것이 포인트

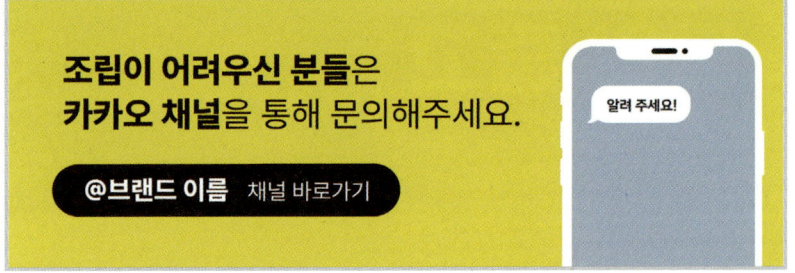

▲ 고객이 접근하기 쉬운 카카오 채널

고객센터 정보를 디자인할 때는 너무 늘어지지 않도록 주의해야 한다. 고객은 제품을 구매하는 데 목적이 있기 때문이다. 세로로 길게 디자인해서 스크롤을 많이 내릴 필요 없이 짧게 구성한다. 핸드폰 스크롤을 내리지 않고 전체 내용을 한눈에 확인할 수 있는 크기로 생각하면 된다. 텍스트를 최소화한 가로로 긴 형태가 좋다.

상품 검수 과정 보여주기

어떤 제품들은 상품이 잘 작동하는지 검수 후 내보내는 게 훨씬 좋을 때도 있다. 그래서 배송이 늦어질 수도 있는데, 이때는 상품을 검수하고 있다는 내용을 넣는 것이 좋다. 단 한 문장인데도 고객은 믿을 만한 업체라고 생각한다.

이런 내용을 그냥 텍스트로 작성할 수 있지만, 이미지와 함께 넣으면 어떨까? 배송이 도착했을 때의 모습이나 실제로 포장을 하고 있는 업체의 모습으로 말이다. 신선식품 같은 경우에는 스티로폼 박스에 얼음팩과 함께 담겨오는 게 일반적이다. 그리고 고객은 신선식

▲ 신선식품 패키지 이미지 예시

품이 상하지 않고 오는 것을 중요하게 생각한다. 그러니 배송 도착 시의 모습을 이미지로 넣어주면 직관적으로 고객에게 신선하게 배송된다는 사실을 어필할 수 있다. 신선식품 외에도 패키지 등을 강조할 때도 마찬가지다. 선물용으로 좋은 제품을 판매할 때도 좋은 방식이다.

온라인 커머스 플랫폼 자체에서 "N시 이전 주문 시 당일 발송"이라는 버튼이 켜져 있지 않은 이상, 배송 관련 정보는 짧게라도 넣어주면 좋다. 우리가 생각하는 것보다 훨씬 많은 고객이 빠르게 배송된다는 이유만으로 제품을 구매한다. 쿠팡 로켓배송이 순식간에 커진 것을 생각해보자. 아주 빠르게 배송하는 게 시스템적으로 불가능하다면, 고객에게 언제 배송이 도착할지 미리 전달해서 고객의 불안을 덜어주는 장치이다.

잘 만든 고객센터 배너 하나가 CS 비용을 줄인다

고객센터가 꼭 필요한 몇 가지 상황이 있다. 예를 들어 가구 조립과 같은 안내가 필요한 경우가 그렇다. 제품과 함께 제품 사용설명서를 보냈더라도 상세페이지에 반드시 문의가 들어온다. 이럴 때 상세페이지에 제대로 설명이 되어 있지 않으면 나쁜 리뷰가 달릴 수도 있다. 설명하기 복잡할수록 상세페이지에 고객센터를 안내하는 단계가 꼭 필요하다. 잔고장이 날 수 있는 전자제품도 마찬가지다. 고객센터가 연결되어 있지 않으면 고객은 답답하게 여길 것이다.

다른 한 가지는 제품의 가격이 비싼 경우다. 가격이 비싸서 사람들이 구매를 쉽게 하지 않는 경우에는 고객센터가 잘 운영된다는 것을 어필해 의심을 해소할 수 있다. 고객센터를 운영하지도 않고, 문의 글이 쌓여 있는데 답변이 달리지 않는 모습을 본다면 어떨까? 고객은 그 제품 자체를 의심하고 구매하지 않을 것이다. 해외직구로 구매하면 더 저렴한 제품을 구매할 수 있는데도, 금방 연락이 닿을 수 있는 국내 배송 제품을 선호하는 이유가 여기에 있다. 혹시 제품을 구매하고 사용하는 과정에서 문제가 생길 수 있음을 의식적으로 고려하기 때문이다.

상세페이지에서 고객센터 단계를 잘 활용하면 큰 비용을 아낄 수 있다. 작은 브랜드이건, 큰 브랜드이건 CS 비용을 아끼기 위해서 다양한 방법을 사용한다. 특히 작은 브랜드는 소수의 직원이 고객센터를 운영하거나 대표자가 직접 브랜드의 고객센터를 운영할 것이다. 고객센터 단계가 상세페이지에서 잘 표현되어 있지 않으면 어떻게 될까? 고객이 계속 우리 브랜드에 연락을 취할 것이다. 그러면 그 CS를 대응하는 데 시간을 쓰게 된다. 그 작은 시간이 무수히 쌓여 다른 업무를 하지 못하게 만든다.

고객센터 단계가 잘 되어 있는 경우를 생각해보자. 만약에 전자제품의 사용법을 톡 채널에 올리면 어떨까? 그리고 그 톡 채널로 연결되는 배너를 상세페이지에 추가한다. 그러면 고객은 자연스럽게 우리 채널을 추가하고 사용법이 필요할 때마다 열어볼 것이다. 자주 묻는 질문을 정리해 자동으로 답변하게끔 만들어도 좋다. 상담하는 데 드는 시간을 아낄 수 있을 것이다.

톡 채널 운영하기

온라인 커머스 플랫폼마다 운영할 수 있는 톡 채널이 있다. 카카오톡 채널을 쓸 수도 있고 챗봇을 이용할 수도 있고, 네이버 톡톡을 쓸 수도 있다. 플랫폼에 맞게끔 사용하면 된다.

한 가지 팁을 드리자면, 카카오톡 채널이 가진 장점이 하나 있다. 고객들이 메시지를 확인하는 비율이 높다는 점이다. 현재 카카오톡은 거의 전 국민이 사용하는 메신저이다. 그리고 일상적인 이야기를 하는 메신저이기 때문에, 사람들은 수시로 카카오톡을 열고 확인한다. 그 사이에 우리 브랜드의 메시지가 와 있다

▲ 네이버 톡톡 채널 추가 시 고객 혜택 증정

면? 상대적으로 다른 플랫폼에 비해서 확인하는 비율이 높을 것이다. 너무 잦은 브랜드 메시지 발송은 차단을 부르겠지만 말이다.

그리고 우리 브랜드의 새 제품 소식이라든지 우리 브랜드의 콘텐츠를 올려서 고객에게 어필할 수 있기 때문에 효과적이다. 네이버 스마트스토어의 경우 외부 링크를 버튼으로 누를 수 없게 업데이트되어 있지만, 아직도 많은 판매자가 카카오톡 채널을 함께 올려놓은 것도 그 때문이다.

이런 이유로 고객센터 채널을 추가하면 혜택을 제공하는 경우가 굉장히 많다. 고객을 일단 유치하고 나면 프로모션 등으로 재구매를 유도할 수 있기 때문이다.

고객센터 위치 공유하기

오프라인에 고객센터를 운영하고 있다면 그 장소를 공유한다. 간혹 해당 판매자가 정말 판매하고 있는 게 맞는지 의심스러울 때가 있다. 특히 식품일 때는 더 그렇다. 그러니 브랜드 매장 위치를 공개할 수 있는 상황이라면 공개하는 것이 좋다. 매장에서 상품을 검수하는 이미지를 넣어도 좋다. 무엇이든 이미지로 고객에게 보여주면 텍스트보다 훨씬 신뢰할 것이다.

고객센터를 보여줌으로써 사람들의 불안을 해소한다. 제품에 상처는 나지 않았는지, 내 물건을 제 시간에 보내줄 수 있는지, 미리 고객들의 니즈를 충족시키면 고객센터를 운영하는 비용을 줄이고 시간을 아낄 수 있다.

인증,
전문 기관이 보증합니다

만약에 어떤 사람이 스스로 엄청나게 대단한 사람이라고 말하면 어떨까? 별로 믿음이 가지 않을 것이다. (오히려 신뢰감이 떨어질지도 모른다.) 하지만 신문에서 어떤 사람이 대단하다고 말하는 기사를 발행하면 어떨까? 처음의 자화자찬보다 더 신뢰가 갈 것이다. 그런데 만약에 어떤 사람이 대한민국 대통령상을 받게 됐다고 하면 어떨까? 그 사람이 해온 일과 더불어 그 사람까지 믿음직스러울 것이다. 제품의 경쟁력은 당신 스스로 이야기하는 것보다 제삼자가 이야기해주는 게 좋고, 제삼자보다 공인된 기관에서 말해주는 게 더 좋다.

인증 단계에서는 다른 전문가의 인증이 필요하다. 우리 제품을 우리가 대단하다고 하는 건 누구나 할 수 있다. 거의 모든 판매자가 자부심을 가지고 제품을 판매하고 있다. 그런데 반대로 너무 흔하기 때문에, 믿음이 가지 않는다. 누구나 판매자가 아닌 다른 사람이 인증해줄 때, 비로소 그 제품이 좋은 제품이라는 것을 인정한다. 앞서 리뷰를 통해 대중의 보증을 보여줬으니, 이제는 신뢰할 만한 기관,

전문가를 통해 신뢰감을 보충해줘야 할 때다.

인증을 드러내는 방법

상세페이지에 들어갈 만한 인증 내용은 A/S 보증, 보험 가입 관련 내용, 기관의 인증서, 마크, 특허 등 저작권 관련, 독점 판매, 공식 스토어, 시험 결과 등이 있다. 지금부터 자세히 알아보도록 하자.

A/S 보증, 보험 가입 관련 내용

전자제품 카테고리에서 자주 사용된다. 몇 년 이상 A/S 보증을 해준다는 문구나 보험에 가입했기 때문에, 제품 사용 중 화재 등으로 인한 피해를 보증해준다는 내용이 주로 들어간다. 이 외에도 배송 중 파손은 물론, 무료 교환, 반품을 보장하기도 한다. 이런 내용이 쓰여 있으면 고객은 한 번쯤은 그냥 구매해도 상관없겠다고 생각한다. 구매에 대한 장벽을 낮추는 것이다.

기관의 인증서, 마크

KS마크 한국산업표준 인증나, 전기안전인증, 어린이 제품 안전 인증과 같은 꼭 표시해야 하는 인증부터 HACCP 식품안전관리인증기준 같은 식품 위생과 관련된 것들까지. 각 카테고리별로 받을 수 있는 인증이 많다.

특허 등 저작권 관련

판매자가 가지고 있는 특허, 실용신안권, 상표권을 넣어도 좋다. 특허를 넣는다면 다른 제품들과 차별화되는 독보적인 경쟁력을 표현할 수 있다. 다른 제품에서는 찾아볼 수 없는 경쟁력으로 판단하게 된다. 상표권 같은 경우는 다른 유사 제품이 등장했을 때, 고객에게 우리 제품이 정품임을 안내할 수 있다. 고객에게 어필하는 것뿐만 아니라, 상표권을 표시함으로써 다른 경쟁자의 권리 침해를 예방할 수 있다.

독점 판매, 공식 스토어

해외 상품을 수입 판매할 때 경쟁 우위를 확보하기 위해 독점 판매 계약을 맺는 경우가 있다. 또는 물건을 유통하는 공식 스토어 인증을 받은 경우가 있다. 이때 판매 계약과 관련된 내용을 언급해서 신뢰를 쌓을 수 있다. 다른 곳에서 비슷한 제품이 많이 유통되는 경우 제품의 품질, 교환, 반품 등에 대한 고객 불만을 훨씬 잘 처리해줄 것이라는 생각이 들게 하기 때문이다.

시험 결과

화장품이나 항균과 관련된 제품을 판매할 때는 각 시험 성적을 받을 수 있는 곳이 있다. 그곳에서 항균력 테스트를 받고 인증을 받는 것이다. 또는 라돈과 같은 유해한 물질이 있는지 없는지 검사할 수도 있다.

시험성적서와 같은 서류를 사용할 때는 직접 이미지를 보여주는

▲ 상세페이지에 시험성적서 삽입　　▲ 상세페이지에 시험성적서 확대

것이 효과가 좋다. 위와 같은 이미지처럼 실제 시험성적서 이미지를 활용해보자. 시험성적서 발행 기관에 따라서 활용을 금지하는 경우도 있다. 이런 내용을 꼭 확인하고 디자인을 진행하자.

　단순히 시험성적서를 삽입하는 게 아니라, 다른 방식으로 구현할 수 있다. 성적서의 일부를 확대해서 보여주는 것이다. 시험성적서 이미지를 캡처해서 그대로 사용했기 때문에, 고객은 더 신뢰하게 된다. 보여주고 싶은 부분을 확대해서 보여주는 방식으로 내용을 강조할 수도 있다.

　어떤 제품을 파느냐에 따라서 성적서의 내용과 형식이 달라질 것이다. 어떤 성적서들은 시험관 안의 미생물이 줄어드는 모습을 보여준 것들도 있다. 그럴 땐 확대해서 보여주는 방식을 사용하면 고객이 한눈에 내용을 확인할 수 있을 것이다. 제품에 어울리는 스타일을 고르면 된다.

붙일 수 있는 마크는 모두 붙이기

일부러 인증에 관한 내용을 상세히 나눠서 올린 데에는 이유가 있다. 판매자 중에는 인증을 받았지만, 그것을 드러내지 못하는 분이 많다. HACCP 인증을 받았는데도 표시하지 않고 무농약 인증을 받았는데도 표시하지 않는다. 별로 어필하고 싶어 하지 않는 분도 종종 봤다. 이런 분들은 다른 판매자도 다 하는 것인데 뭐 하러 어필을 하냐고 이야기한다. 그런데 분명한 건 소비자는 이 내용 하나에 제품을 구매할지 말지를 결정한다는 사실이다. 인증을 받는 것만큼

◀ HACCP 인증마크가 사용된 이미지 예시

중요한 것은 잘 표현하는 것이다. 기껏 HACCP 인증을 받고 요즘 업계는 모두 인증을 받는다며 꽁꽁 감춰두는 건, 본인만의 무기를 집에 놔두고 전쟁터에 나가 싸우겠다는 말과 다를 바 없다.

인증받은 사실을 고객들이 잘 확인하지 못하는 곳에 작게 적는 것도 마찬가지다. 만약에 HACCP 인증을 받고 텍스트로 "HACCP 인증을 받았습니다"라고 구석에 작게 적어 놓으면 고객이 어떻게 반응할까? 고객들은 상세페이지를 처음부터 꼼꼼히 보지 않는다. 그러니 텍스트로 작게 표시된 문구는 그냥 지나쳐 버릴지도 모른다. 그보다 HACCP 인증 표시를 다운받아서, 메인 이미지와 썸네일에 넣으면 어떨까?

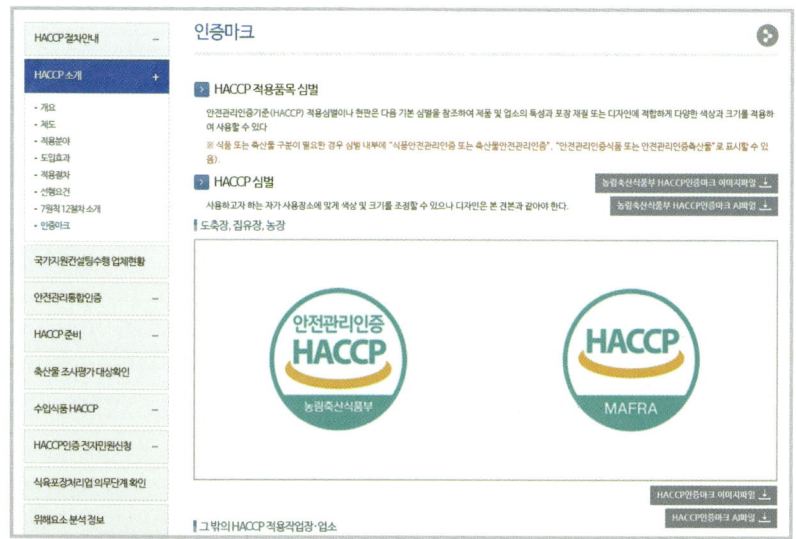

▲ HACCP 인증마크를 다운받을 수 있는 식품안전관리인증원 사이트

식품 분야는 건강이나 위생에 대한 관심도가 높은 카테고리다. 조금 비싸더라도 더 위생적인 제품을 구매하려는 고객이 늘어났다. 아

마 이런 고객은 인증에 관심을 가질 것이고 인증마크를 보고 구매할 확률도 높아질 것이다. 이를 고려해서 마크를 넣어서 표현하는 게 훨씬 직관적이고 눈에 띈다.

다른 인증들도 마찬가지다. 오죽하면 오프라인 컨설팅을 진행하기 전에 브랜드, 제품 자랑을 해달라고 할까. 규모가 작은 업장일수록 본인이 가지고 있는 경쟁력을 잘 파악하지 못한다. 우리가 가지고 있는 것 하나하나 무기가 된다는 것을 유념해야 한다.

메인 이미지,
사용하는 모습을 상상해보세요

메인 이미지 단계에서는 제품의 기능이 잘 보이게끔 하는 사진을 활용하는 것이 좋다. 그런데 이때 너무 디테일하게 제품을 보여주려고 하기보다는 제품의 기능과 연출이 잘 보이게끔 정리해줘야 한다.

더 구체적으로 이야기해보자. 우리가 다리미를 판다면, 그냥 누끼를 따 배경을 없앤 이미지보다 집 안에서 다리미를 미는 모습을 보여주는 것이 효과적이다. 원츠에 가까운 제품일수록 연출이 더 중요해진다. 인테리어 제품의 메인 이미지는 배경을 없애고 보여주는 게 나을까? 아니면 잘 어울리는 인테리어를 조합해서 올리는 게 나을까? 옷 사진을 배경을 없애고 보여주는 게 나을까? 아니면 우리 브

▲ 연출된 코펠 이미지

▲ 누끼를 딴 코펠 이미지

랜드의 메인 모델이 입고 있는 이미지를 올리는 게 나을까?

고객에게 보이는 첫 번째 제품 이미지이기 때문에, 해당 제품을 어떻게 활용하는지 한눈에 보여줄 수 있는 사진이 더 나을 것이다. 또한 제품의 종류에 따라서 연출 방법이 달라질 것이다. 하지만 콘셉트는 예상해볼 수 있다. 식품 카테고리라면 조리하는 모습을 보여주는 것이 좋다. 신선함이 중요한 식재료라면 농장에서 갓 딴 느낌이 나도록 연출하는 게 좋다.

사실 디자인은 예외성을 기반으로 사람들에게 재미를 주는 부분이라서, 꼭 필자가 말한 대로 디자인해야 한다는 뜻은 아니다. 다만 유의해야 할 점이 하나 있다. 모바일 환경을 항상 기본 전제로 해야 한다는 것이다. 가로 폭이 넓은 PC 화면만 고려해 상세페이지 디

	메인 이미지 메인 이미지에 붙는 설명	
포인트	포인트	포인트
포인트	포인트	포인트

▲ 메인 이미지 활용 템플릿 예시

▲ 메인 이미지 활용 예시

자인을 진행하면, 가로 폭이 좁은 모바일 화면에서는 제품 이미지가 너무 작게 보일 수 있다. 정작 구매가 많이 일어나는 모바일에서 우리가 무엇을 보여줄지 잘 나오지 않으면 낭패일 것이다.

제품의 기능이 많을 때는 메인 사진 하단에 아이콘이나 내용을 붙여서 설명하기도 한다. 바디워시를 판다고 해보자. '각질 제거', '저자극', '예민한 피부용'과 같이 표시해줘야 하는 핵심 기능이 있을 때 메인 이미지와 함께 설명한다. 가장 임팩트 있는 이미지에 기능을 넣은 것이다.

템플릿을 이용해 이미지를 구성할 수 있다. 메인 이미지를 넣고 제품의 포인트를 하단에 표시한 것이다. 여기서 정리해둔 기능에 관한 내용은 앞으로 어떤 기능을 중점적으로 이야기할 것인지 가이드라인이 되기도 한다. 그렇기 때문에 고객이 이 단계에서 제품의 기능을 전체적으로 바로 훑어볼 수 있도록 해야 한다.

브랜드 카피 등장

메인 이미지를 넣는 단계에서 브랜드의 카피도 함께 소개된다. 카피만 하더라도 여러 마케팅 기법이 사용된다. 지금부터 카피를 제작할 수 있는 기본 뼈대를 설명하도록 하겠다.

> A 가 겪는 B 문제를 C 기술로 해결

이렇게 세 가지를 기본으로 제품을 한 문장으로 정리한다. A는 타깃, B는 타깃이 주로 겪는 문제(모두가 공감할 만한), C는 제품의 기능으로 정리할 수 있다. 브랜드를 소개하는 카피를 작성할 때는 이 문장을 기준으로 삼고 여기서 너무 벗어나는 이야기를 하고 있는 건 아닌지 정리하면 좋다.

예를 들어 내가 정한 타깃(A)이 정확히 누구인지 체크해야 한다. 아이를 위한 제품을 팔 때는 아이가 아니라, 부모를 타깃으로 해야 한다. 구매자가 부모이기 때문이다. 일관되게 부모를 위해서 카피를 적어야 한다.

또 구체적으로 쪼개야 혼동하지 않는다. 많은 판매자가 C에만 집중하고 A, B는 놓치고 있기 때문이다. 그러니까 제품의 기술을 소개하는 데에만 집중하고 정작 고객(A)이 겪는 문제(B)에 대해서는 소홀하기 쉽다.

문제(B)를 해결해서 고객에게 어떤 이득을 줄 수 있는지에 대해서 표현해야 한다. 예를 들어 제품에 신소재를 썼다면, 그 신소재로 어떤 문제를 해결해서 고객(A)의 어떤 문제(B)를 해결해줄 수 있는지도 함께 표현할 수 있어야 한다. 그렇지 않으면 나만 알고 있는 제품의 기능을 늘어놓느라 고객은 관심도 주지 않는 내용을 작성할 확률이 높다.

옵션 넣기

제품의 옵션이 다양한 경우가 있다. 이때 메인 이미지 부분에서 주문 옵션을 넣어서 표현할 수 있다. 주문 옵션의 핵심은 제품의 무엇이 어떻게 다른지 한눈에 알 수 있게 해주는 것이 중요하다. 만약 색상이 다른 경우, 우측 하단에 색상표를 만들어서 구분해주면 자연스럽게 보고 판단할 수 있다. 크기도 마찬가지다.

▲ 옵션표 활용 예시

옵션을 활용해서 할인 프로모션을 진행할 수도 있다. 다음 예시를 살펴보자.

> ❶ 2개 구매 시 3,000원!
> ❷ 1+1 이벤트, 총 3,000원!

실제로 ❶과 ❷의 혜택은 같지만, 고객들이 느끼는 것은 다르다. ❶보다 ❷가 더 큰 혜택이라고 여긴다. 그래서 덤 행사를 더 선호하는 것이다. 같은 맥락에서 할인보다도 덤일 때에 더 눈에 띈다.

▲ 1+1 행사 이미지 예시

왜냐하면 1+1 같은 덤 혜택의 경우 이렇게 제품 여러 개를 나란히 놓고 표현할 수 있기 때문이다. 할인 혜택을 주는 경우에는 가격이 내려갔다고 해도 와닿지 않는다. 그래서 수많은 판매고수는 1+1 이벤트를 활용한다. 키워드를 한 번쯤 수집해본 판매자는 알겠지만, '1+1'이라는 키워드는 정말 많은 제품 카테고리에서 발견할 수 있다. 그만큼 사람들이 많이 검색하고 선호하는 키워드라는 의미다. 우리가 주문 옵션을 설정할 때도 이 부분을 충분히 고려하고 있는지 체크할 필요가 있다.

여기서는 1+1만 강조했지만, 당연히 2+1, 3+1 등 여러 형태로 구성해도 좋다. 유산균 식품을 예로 들어보자. 유산균 식품은 꾸준히

먹어야 하는 상품이다. 이럴 때는 '1주+1주' 구성이라고 바꿔서 표현해도 좋다. 2주 만에 장내 효과를 얻을 수 있다는 텍스트를 함께 넣는다면 상세페이지에 처음 들어온 고객이 선뜻 구매할 만 한 옵션이 될 것이다. 여러 개를 구매하기 전에 맛보기 상품처럼 구성해 놓는 것이다.

할인이나 덤 같은 직접적인 혜택이 아니라, 사은품 증정도 활용할 수 있다. 키워드를 수집하면서 같이 구매할 만한 상품 키워드를 얻었을 것이다. 그 상품을 함께 제공할 수 있다면 주문 옵션에 구성해줘도 좋다. 등산용 가방을 팔고 있다면 방수 커버를 사은품으로 증정할 수 있는 것이다. 팔고 있는 제품과의 관련도는 낮지만, 트렌드를 이끌고 있는 제품을 제공할 수도 있다. 그 제품을 후킹 삼아 우리 제품을 추가로 판매할 수 있을 것이다. 이렇게 그냥 기계적으로 주문 옵션을 넣는 것이 아니라, 사람들이 선호하는 방향으로 전략을 짜야 한다.

문제,
당신의 고민을 해결해드립니다

고객은 언제나 문제를 혜택보다 앞서 생각한다. '문제'는 상세페이지에 반드시 들어가야 한다. 문제인 것과 혜택인 것이 있을 때, 문제인 것은 반드시 해결해야 한다. 혜택은 구매의욕에 플러스되는 부분이다. 이는 고객의 만족을 자극하는 것과 관련 있다. 필수적인 것과 있으면 만족스러운 것은 갈증의 정도가 다르다. 당연히 필수적인 것을 먼저 채우려고 한다. 제품을 판매하는 데에도 이 심리를 적용할 수 있다.

앞서 고객의 니즈와 원츠에 대해서 설명했다. 여기에서 문제를 잘 강조할 수 있는 쪽은 니즈에 가깝지만, 원츠인지 니즈인지 제품 카테고리는 명확히 구분되는 것이 아니며 두 가지 모두 충족될 때 사람들은 큰 만족감을 얻는다. 원츠 제품 카테고리의 대표적인 예가 패션 제품이지만, 패션 제품에도 항상 문제는 있다. 옷의 소재 때문에 오래 입지 못한다든가, 세탁이 불편하다든가, 핏이 이상하다든가, 사이즈가 정확하지 않다든가, 교환이 번거롭다든가 하는 여러 문제가 존재한다.

우리 제품은 아무런 문제가 없다고 생각할 수 있지만, 어느 것 하나는 반드시 문제가 있다. 아예 카테고리를 독점하는 경우가 아니라면 문제는 존재한다. 상세페이지의 문제 단계에서는 고객이 겪는 문제를 언급해줌으로써 공감을 얻어내고 제품이 그 문제를 해결할 수 있다는 신뢰를 줄 수 있다. '이 문제를 반드시 해결해줄 수 있어서 상세페이지에서 강조하는구나' 하고 생각하기 때문이다.

문제를 언급할 때 키포인트 하나는 문제를 극대화하는 것이다. 그냥 문제가 있음을 말하는 것으로 끝내지 않고, 그 문제를 해결하지 않으면 상황이 악화된다는 것을 함께 표현하자. 자주 사용하는 문제 상황 몇 가지를 추려봤다.

시간 낭비

기존에 사용하던 다른 제품을 쓰면 시간이 더 많이 소요된다고 설득할 수 있다. "하루 평균 ○분이 더 소요된다"는 방식으로 표현하는 것이다. 이 소요시간을 1년간 모으면 얼마나 길지 이야기하면서 문제를 더 극대화할 수 있다.

식기세척기를 예로 들어보자. 식기세척기를 사면 맨손으로 설거지하는 것보다 시간이 훨씬 절약될 것이다. 그러면 그 시간이 얼마나 되는지 표현할 수 있다. 만약에 하루 30분씩 절약할 수 있다면 일주일로 따진다면 3.5시간이다. 문제를 더 극대화해서 표현해보자. 1년으로 확장하면 7.6일이고, 7시간을 수면 시간으로 잡으면 10.7일이 된다. "식기세척기가 없는 당신, 연중 11일의 휴식이 사라지고 있다."

돈 낭비

돈 낭비 문제도 시간 낭비 문제를 설득하는 것과 비슷한 흐름으로 진행한다. 전기 난방기를 판매한다고 가정해보자.

▲ 금전적 비용 문제를 강조한 이미지

에너지 효율이 높아서 전기 사용료를 절약할 수 있는 난방기를 사용한다고 하자. 이 난방기를 사용해서 절약할 수 있는 돈을 계산할 수 있다. 이 역시 하루에 절약할 수 있는 금액은 그렇게 많지 않을 것이다. 그래서 범위를 하루가 아니라 겨울 동안으로 극대화해서 문제를 크게 만들어준다. 겨우내 난방기 사용으로 절약할 수 있는 금액을 가시화해서 보여주는 것이다.

노동력

화장실 청소를 할 때 쓰는 세정력 강한 스프레이 제품을 판매한다고 가정해보자. 그저 한 번 뿌리는 것만으로 화장실 청소를 끝낼 수 있다면 노동력을 줄일 수 있다.

◀ 노동력 문제를 강조한 이미지

이런 경우에 문제 상황의 절차를 길게 늘여서 설명한다. 물을 붓고, 화장실의 묵은 때를 불리고, 락스를 섞어서 뿌리고, 솔질하는 과정을 자세하게 설명하는 것이다. 고객은 자세하게 설명된 문제 상황을 보고 새삼 절차가 많다고 느낀다. 이 절차를 모두 줄일 수 있다고 설명하면서 노동을 최소화할 수 있음을 강조한다.

건강, 위생, 안전

제품이 어린이, 가족의 건강과 연관된 경우에 특히 많이 사용된다. 어린이의 건강과 위생은 굉장히 중대한 문제가 되기 때문이다. 노년

◀ 건강, 위생 문제를 강조한 이미지

층을 위한 제품도 마찬가지다.

이런 경우에는 건강, 위생과 관련된 문제에 대해 언급하고, 실제 어린아이 모델이 제품을 이용하고 있는 모습을 보여주는 것이 효과적이다. 그래서 이 내용을 직관적으로 표현할 수 있다.

사회적 관계

나열된 문제 상황을 다 읽고 나면 '결국 다 돈 문제 아닌가?' 하고 생각하는 독자도 있을 것이다. 자본주의 사회이다 보니 어떤 문제가 발생하면 결국 다 돈 문제로 보이는 것도 사실이다. 그런데 꼭 그렇지만도 않다. 사회적 관계 문제는 판매자의 꼼꼼함과 리뷰의 신뢰성이 있어야만 판매가 이뤄질 것이다.

예를 들어 명절이나 기념일에 온라인 쇼핑몰로 선물을 보낼 때 상대방의 반응이 좋지 않을까 걱정한다. 그래서 사람들은 '선물추천'이라는 키워드를 굉장히 많이 사용한다. 연령대별로 선호하는 제품이 무엇인지, 상황별로 알맞은 선물이 무엇인지 끊임없이 검색한다. 선물을 하고도 욕먹는 상황을 겪지 않기 위해서다.

그런데 제대로 포장되어 있지 않거나, 상품 검수가 잘 되어 있지 않거나, CS가 원활하지 않는 제품을 선물한다고 생각하면 오싹해질 것이다. 이런 문제 상황을 나열하면서 문제를 극대화할 수 있다.

문제 단계에서는 판매자의 제품이 줄 수 있는 해결책을 더 돋보일 수 있게 제작해야 한다. 서비스가 좋지 않은 업체에서 구매했을 때

◀ 사회적 관계 문제를 강조한 이미지

어떤 문제가 발생하는지 적는 것이다. 과일 품질 검수가 되지 않은 과일 바구니 업체에서 구매해서 과일 일부가 상한 채로 도착했던 경험이 있지 않았는지 묻는 식의 방식이다. 고객에게 구매의 새로운 프레임을 제공하는 것이다.

제품의 기능이 많고 경쟁력이 높을수록 해결할 수 있는 문제가 많을 것이다. 문제 단계에서는 문제를 제시하되, 곧바로 그 제품이 문제를 해소할 수 있음을 강조하는 게 좋다. 이때 카피와 이미지, 특히 gif를 활용해서 문제를 해결하는 과정을 움직이는 이미지로 보여주면 효과가 더 커진다.

　고객이 상세페이지에 들어왔다는 것 자체가 크든 작든 제품이 필요하다는 것을 의미한다. 실수로 잘못 누른 게 아니라면 말이다. 그냥 웹서핑하다가 구경하려고 슬쩍 들어온 사람도 마찬가지다. 사람은 자신과 아무 관련 없는 것에는 눈길을 주지 않는다. '지금 나한테 필요한가?' 하고 생각하지만, 상세페이지를 보고 '아, 이런 경우도 많았어!' 하고 공감하는 경우는 별로 없다. 마치 고객의 마음을 들여다보는 것처럼 구체적으로 말해주자.

> **Special page**
>
> ## 문제를 구체적으로 말하는 카피의 공식

시중에 판매되고 있는 수많은 상업용 카피 책에서 구체적으로 말하라는 문구를 한 번쯤 봤을 것이다. 그런데 그런 이야기를 들어도 막상 적용하는 게 쉽지 않다. 카피를 업으로 삼지 않으면 보통 자신의 언어 습관대로 돌아가 버린다. 판매자는 나름 구체적으로 이야기했다고 생각하지만, 그렇지 않은 경우가 많다. 실제 핵심 내용은 변하지 않은 채 문장만 길어지는 경우를 많이 봤다. 지금부터 설명하는 내용은 판매 초보자에게 권하는 내용이다. 지금부터 '숫자(양적)+감정(질적)'의 공식을 사용해서 구체적으로 말하는 방법을 연습해보자.

숫자로 말하기

'소재가 좋은 수건'을 예시로 들어보자. 소재가 좋다는 건 여러 번 빨아도 잘 해지지 않는다는 것과 같다. '여러 번 빨아도 잘 해지지 않는 수건'이라고 표현할 수 있다. 많은 판매자가 여기서 카피를 마무리한다. 그러나 더 구체적으로 설명하면 좋다. 여러 방법 중 가장 간단한 방법은 바로 '숫자'를 사용하는 것이다. '365일 내내 빨아도 잘 해지지 않는 수건', '3년을 써도 늘 그대로인 수건'이라고 표현하자.

이렇게 숫자를 사용하면 두 가지 효과가 생긴다. 하나는 사람들의 기억에 잘 각인된다. 숫자로 말하면 줄글 사이에서 강조가 되기 때문이다. 그리고 합리적으로 보이는 효과가 있다. '많이'라는 단어보다 '2배'라는 단어가 더 정확한 느낌이다. 더 나아가 '2배'보다 '1.9배'가 더 정확하다고 느껴진다. '이벤트 상품은 한정되어 있습니다'라는 문구보다 '이벤트 상품은 100개 한정입니다'라고 표현하는 게 더 눈에 띄고 고객의 마음을 재촉한다.

식기세척기를 예로 들어보자. 식기세척기를 쓰면 설거지하는 시간을 아낄 수 있다. 그냥 이렇게 카피를 끝내는 게 아니라, 구체적으로 작성한다. '30분을 아낄 수 있다'라고. 그러면 고객 입장에서 더 구체적인 상황을 상상할 수 있다. 그리고 문제의 심각성도 알게 된다. '내가 30분을 아낄 수 있는데 그러지 못하고 있구나'라고 생각하는 것이다.

공감으로 말하기

공감하는 좋은 방법 중 하나는 감정에 대해 이야기하는 것이다. 짜증, 분노, 번거로움, 불편함, 당혹스러움, 걱정, 슬픔과 같은 부정적인 감정에 대해 이야기한다. '한두 번 썼더니 고장 난 온열조끼, 많이 짜증 나셨죠?', '하루 이틀 지나면 상해버려서 곤란하셨죠?'와 같은 방식으로 설득할 수 있다. '비용 2배 이상 발생하는 ○○○'라고 카피를 작성하고 고객의 감정이 잘 나타나는 이미지를 사용하는 것도 방법이다. 고객은 사람의 표정 사진만으로도 다양한 감정을 파악하기 때문이다.

이 두 가지 순서를 바꿔도 된다. 숫자를 먼저 사용하고 감정을 표현하는 것이다. 이렇게 하면 공감하게 하고 그에 따른 합리적인 이유를 붙일 수 있다.

아무런 근거 없이 제품의 강점을 소개하면 별로 신빙성이 생기지 않는다. 하지만 양적인 표현(숫자)를 통해서 문장에 힘을 실어주고 질적인 표현(감정)을 추가해서 사람들의 공감을 사는 것이다. 이 두 가지로 고객들의 마음을 사로잡는다. 이게 습관이 되고 나면 고객의 마음에 와닿는 카피가 어떤 것인지 피부로 느끼게 된다.

> 레벨업! 카피 쓰기

숫자를 사용하지 않고도 구체적으로 표현하는 방법은 많다. 카피를 잘 쓰는 사람은 이렇게 공식을 적용하지 않아도 맛깔나는 카피를 쓴다. 필자가 설명한 '숫자+감정' 공식에 적응되었다면 한 단계 더 나가보자.

만약 내가 전기난방기를 사용해서 일주일에 4000원을 아낄 수 있다고 가정해보자. 그러면 숫자 카피법을 이용해서 '일주일에 4000원 절약 가능'이라고 작성할 수 있다. 여기서 한 단계 더 나아가면 그 숫자를 우리가 일상에서 마주하는 다른 것으로 치환할 수 있다. 4000원이면 바로 브랜드 커피 한 잔을 떠올릴 수 있을 것이다.

그러면 일주일에 커피 한 잔을 아끼는 것으로 표현할 수 있다. 이렇게 카피를 구성하면 일상생활에서 우리가 얻는 혜택에 빗대어 설명하기 때문에, 더 직접적으로 고객에 와닿게 설명할 수 있다.

무엇보다도 카피를 작성할 때는 너무 한 가지 방법에 매몰되지 않는 것이 중요하다. 카피에 단 하나의 공식만이 존재한다고 생각하면 상세페이지나 웹배너가 얼마나 따분해질까? 따분한 상세페이지는 누구의 눈길도 끌지 못할 것이다.

상세 이미지,
이제 꼼꼼하게 살펴볼까요?

이제 메인 이미지의 디테일을 살려주는 상세 이미지를 넣는 단계이다. 이제 제품의 각 부분이 어떻게 이루어져 있는지 설명해야 한다. 예를 들어, 패션 제품이라면 소매, 마감 등을 확대해서 보여준다. 그냥 패션 제품을 늘어놓은 채로 상세 이미지를 찍었다면 입었을 땐 어떻게 보이는지, 디테일하게 소재가 어떻게 보이는지, 표현하는 것이다.

▲ 카피에 부합하는 상세 이미지

상세 이미지를 구성할 때는 다양한 방식으로 고객이 제품을 볼 수 있게끔 해주는 게 좋다. 패션 제품의 경우, 색상이 고객에게 중요한 구매 결정 요소일 것이다. 그러면 자연광에서는 어떻게 보이는지, 스튜디오에서는 어떻게 보이는지를 확인할 수 있도록 하면 고객이 페이지를 이탈하지 않고 상세페이지 안에서 여러 정보를 습득할 수 있다.

이때 주의해야 할 점이 있다. 제품의 스펙에만 집중하지 않는 것이다. 전기 제품을 판매하는 경우, 어려운 용어를 사용하면서 설명하는 상세페이지를 많이 봤다. 그것보단 그 제품을 통해 고객에게 어떤 혜택을 줄 수 있을지에 초점을 맞춰서 말하는 것이 좋다. 스펙을 혜택으로 치환해줘야 하는 것이다.

그렇지 않으면 고객들에게 알아들을 수 없는 용어를 남발하며 제품을 설명하게 된다. 제품을 판매하는 우리는 제품 제작 기술에 대한 지식을 가지고 있다. 하지만 고객은 그렇지 않다. 마치 처음 제품을 사용하는 것처럼 풀어서 설명해주어야 한다.

ABCDE 방수 기법을 사용해서 안심하고 사용하셔도 좋습니다.

우리 브랜드만의 자체 기술 ABCDE 방수 기법으로 100% 방수 기능을 실현시켰습니다.

▲ 전문 용어를 사용한 상세 이미지

생활방수는 3초만에 슥- 닦으면 완료!

우리 브랜드만의 자체 기술 ABCDE 방수 기법으로 100% 방수 기능을 실현시켰습니다.

▲ 고객이 얻을 수 있는 혜택을 부각한 상세 이미지

러그를 예로 들어보자. ABCDE라는 임의의 방수 기법을 사용해서 러그를 제작했다고 가정하자. 특정한 방수 기법을 사용했다는 사실은 업계 내에서 중요한 사실이지, 고객은 그것이 무엇인지 알지 못한다. 하지만 그 특정 기법을 사용했다는 사실을 부각하느라 정작 고객에게 와닿는 표현은 놓치고 말았다.

그 내용을 고객이 얻을 수 있는 혜택으로 바꿔주자. 방수 기법보다 생활 속에서 생길 수 있는 생활 방수와 연결 지었다. 반려동물의 실수, 물을 쏟는 상황에 대한 이미지, 실제로 물을 흘리고 바로 닦는 모습을 보여준다면 고객에게 혜택을 바로 전달할 수 있을 것이다.

이렇듯 우리 제품을 사용함으로써 고객이 얻을 혜택을 직접적으로 언급해줘야 한다. 조작이 필요한 전기 제품의 경우, 직접 조작하는 영상을 gif로 찍어서 보여주는 것도 효과적이다. 따로 설명서를 볼 필요 없이 상세페이지만으로 조작 방법을 익힐 수 있어서 좋다.

디자인해야 한다는 압박

상세 이미지를 어떻게 디자인해야 하는지 고민하는 분이 많다. 사진과 텍스트만 덜렁 넣기에는 좀 허전하게 느낄 수 있다. 하지만 상세페이지 자체를 디자인하는 데 너무 신경 쓸 필요는 없다. 이미지와 텍스트로 충분하지, 그 주변에 어떤 요소를 넣을지 너무 고민할 필요는 없단 뜻이다. 오히려 여러 가지 그래픽 디자인 요소를 넣다가 사진과 텍스트가 작아져 잘 보이지 않게 될 수도 있다.

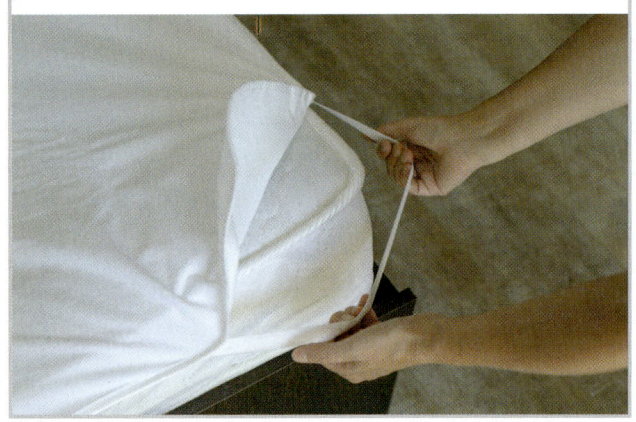

▲ 텍스트와 이미지로 심플하게 구성한 상세 이미지

   심플하게 텍스트와 이미지로 구성된 상세페이지가 눈에 더 잘 들어올 때가 있다. 그래픽을 화려하게 넣고 싶다는 욕심이 오히려 고객의 시선을 분산시킨다.

   한 가지 더 이야기하자면, 요즘에는 커머스 플랫폼 내의 상세페이지 삽입 에디터를 통해서 상세페이지를 제작하는 분이 늘었다. 에디터를 사용하면 키워드도 여러 번 반복해서 넣을 수 있을뿐더러, 편집하기도 굉장히 쉽다. 블로그를 작성하듯이 상세페이지를 만들면 되기 때문이다. 또 각 모바일 기기에서 보기에 편하게 글씨 크기가 변경되어 글씨가 작아 그냥 넘길 우려도 줄어든다. 꾸며야 한다는 압박에서 벗어나서 작업해도 무방하다는 의미다.

똑똑하게 우리 제품 비교하기

상세 이미지에서 우리 제품의 크기를 알려야 할 때가 있다. 이럴 때 구체적으로 센티미터나 그램 등의 단위로 설명하기도 한다. 그런데 이렇게 설명하면 정확하긴 하지만, 고객이 구체적으로 상상하긴 어려울 것이다. 대신에 종이컵 같은 단위로 바꾼다면 어떨까? 주변에서 흔히 볼 수 있는 사물로 단위를 바꾸는 것이다. 고객은 상품이 어느 정도 크기인지 바로 알아볼 수 있을 것이다. 이렇게 우리 일상에서 발견할 수 있는 물건과 비교하여 상세 이미지에 제품 정보를 설명하면 좋다. 다음은 곶감 크기를 비교한 상세 이미지이다.

▲ 고객이 상상하기 쉽게 설명한 사이즈

이 브랜드 같은 경우에는 크기가 큰 곶감만 골라낸다. '엄선한 곶감만 판매한다'는 내용에 '60~70g 곶감만 골라낸다'고 작성하면 어떻게 될까? 정확히 그 크기가 어느 정도인지 알기 어려울 것이다. 이 브랜드는 똑똑하게 계란과 비교해서 크기를 설명했다. 우리는 계란 크기가 어느 정도인지 대충 알고 있지 않은가? 그래서 이렇게 표현하는 것이 더 와닿을 것이다. 계란뿐 아니라 축구공이라든지, 사이다 캔이라든지, 비교할 대상을 찾는다면 정말 무궁무진하게 많을 것이다.

이 상세 이미지에서는 그에 그치지 않고 옆에 다른 작은 곶감들의 크기는 얼마인지도 표현했다. 고객이 몇 그램인지 자세하게 읽지 않더라도, 타사 제품보다 더 알이 크고 실하다는 것은 알 수 있다.

공감,
우리 브랜드는 영혼이 담겨 있습니다

브랜드의 진정성, 가치를 보여줄 수 있는 부분이다. 일단 여기까지 상세페이지를 내려본 고객은 제품의 필요성에 대해서도 잘 알고 있을 것이고, 제품에 대한 관심도 높은 상태일 것이다. 이제 판매자를 내세워 브랜드를 표현할 차례다.

내 브랜드를 어떻게 표현할까?

여기서는 꼭 브랜드와 제품과의 연관성을 체크해야 한다. 해당 제품이 브랜드의 가치와 관련 있는지 꼭 체크해봐야 한다. 육아와 전혀 관련 없는 제품 상세페이지에 육아의 어려움을 덜기 위해 이 브랜드가 론칭되었다는 멘트는 정말 영혼이 없다고 느껴진다.

이제부터 우리 브랜드를 효과적으로 설명하는 방법을 알아보자.

브랜드 경력

우리 브랜드를 언제부터 운영해왔고, 얼마나 많은 사람에게 그 영향력을 끼쳤는지 나타낸다. 어떤 브랜드에서 멀티밤을 만들었다고 가정해보자. 그 멀티밤이 해당 브랜드의 신제품이라고 하더라도, 멀티밤 이전에 다양한 제품을 만들어서 판매해온 내용이 있을 것이다. 이때 화장품 생산에 대한 회사의 경력을 소개할 수 있다. 이전의 제품들이 안정적으로 제작되었다면 당연히 고객의 신뢰도는 올라가게 된다.

브랜드 환경

제품을 온라인에서만 판매하는 브랜드와 오프라인 거점이 있는 브랜드 중에 어떤 브랜드가 더 신뢰감을 얻을 수 있을까? 배달 플랫폼을 보면 업소 사진을 올려놓은 곳이 매우 많다. 업소 사진을 통해 위생적으로 식품을 제조한다는 사실을 보여주기 위해서이다.

농장에서 사과를 재배, 판매하는 상황이라면 과수원 이미지를 직접 보여주는 것이 더 효과적일 것이다. 손으로 따는 듯한 이미지와 함께 보여주면 고객 입장에서 더 와닿는다.

"우리 브랜드는 깨끗한 환경에서 제조하고 있습니다"라고 텍스트로만 설명하는 것보다 실제 공장 이미지, 오프라인 업소 이미지를 보여주면 브랜드에 대한 신뢰도를 키울 수 있을 것이다. 브랜드 제품을 생산하고 있는 공장이 있다면 이때 꼭 보여줘야 한다. 위생적인 공장에서 생산한다는 내용과 함께 말이다.

공장에서 찍어내는 상품이라면 공장 이미지를 보여줘도 괜찮다. 공장 외부 사진도, 공장 내부 사진도 모두 브랜드의 규모를 추측하

▲ 상품 제조 공정을 짐작하게 만드는 브랜드 환경 이미지

는 데 도움이 될 것이다. 그곳에서 일하는 생산자들의 이미지를 넣는다면 당연히 전문가 이미지가 좋을 것이다. 수제로 제품을 만들어내는 공방이라면 공방 이미지를 활용해도 좋다. 손으로 만지고 있는 장면이 더 낫다고 생각하시는 분들도 계시지만, 제품의 종류에 따라서 공산품의 이미지를 강조하는 게 더 나을 수도 있다.

고객은 전문가를 좋아한다. 왜냐하면 제품 구매에 실패하고 싶지 않기 때문이다. 제품을 테스트 삼아서 사는 경우는 거의 없다. 그러니 위 두 가지를 활용해서 전문가로서의 브랜드를 잘 어필할 수 있어야 한다.

> **Special page**　오프라인 판매만 해도 충분하다고요?

오프라인 판매는 오랫동안 해왔지만, 온라인은 처음인 판매자가 생각보다 많다. 이런 분들은 대부분 온라인 판매에 대해 지레짐작으로 겁먹고 부담을 갖는 경우가 많다. 아예 온라인으로 판매하지 않는 분들도 있다.

　오프라인만으로 판매량이 잘 나온다면 참 다행한 일이다. 하지만 코로나19가 처음 발생했을 때를 생각해보자. 우리가 모두 집 안에서 근 2년을 보내게 될 줄은 아무도 상상하지 못했다. 코로나19가 발생한 이후로 온라인 마켓이 급성장했고, 그 사이에서 수많은 오프라인 매장이 문을 닫았다. 오프라인 매장이 잘 운영되고 있고 온라인 시장에 도전하는 게 심리적으로 부담되더라도, 온라인 채널이 어떤 식으로 변하는지 파악해두는 것이 좋다. 잘 파악하는 가장 좋은 방법은 실제로 도전해보는 것이다.

오프라인 매장에서 온라인 매장 홍보하기

오프라인 매장에서 물건을 판매하면서 온라인 판매 이벤트를 진행할 수 있다. 스토어 즐겨찾기도 좋고, 제품을 구매할 수 있는 URL을 QR코드 형태로 보여주는 판넬을 설치하는 것도 좋다. 온라인에서도 주문하면 집에서 편하게 받아볼 수 있다는 내용도 추천한다. 상품을 판매할 때 작은 안내 카드를 만들어서 온라인에서도 찾아볼 수 있는 방법을 설명해도 된다. 방법은 무궁무진하다.

　오프라인 매장에 드나들던 손님을 온라인 매장으로 연결시키는 것이다. 오프라인 매장에 고객의 발길이 얼마나 드나드는지가 중요한 것처럼 온라인 채널도 고객의 조회수가 중요하다. 이는 '노출', '유입', '전환' 세 박자 중에서 노출에 해당한다. 사람들에게 한 번 노출하거나, 아니면 찜을 하면 스토어 지수가 높아진다. 이런 방식으로 오프라인에서 온라인으로 넘어갈 수 있게끔 조치해주면 된다. 너무 사소하다고 생각하는가? 하지만 수많은 고객이 온라인에서 상품을 구매하면서 이런 생각을 한다. "비위생적인 환경에서 제작됐을지도 모르는 제품을 어떻게 사지?" 그런데 오프라인 매장에서 온라인 매장을 소개받은 경우는 어떨까? 당연히 이미 입증된 제품이기 때문에, 신뢰도가 높을 수밖에 없다.

한편 오프라인 기반으로 시작한 판매자는 고객들의 생생한 반응을 쉽게 알 수 있다. 그 내용을 바탕으로 상세페이지를 구성하면 더 퀄리티 높은 상세페이지를 제작할 수 있다. 매장에서 상담하는 사진이나, 고객들이 줄 서 있는 사진은 어떤가. 연출된 세팅 사진을 자연스럽게 찍을 수 있다는 점도 큰 장점이다. 그뿐만이 아니다. 상세페이지에 고객센터 정보를 소개할 때 오프라인 매장을 보여줌으로써 브랜드의 규모를 보여줄 수 있다. 크기가 작으면 작은 대로 위생이나, 친절함을 강조할 수도 있다. 이런 이미지들이 고객의 신뢰로 연결되게 된다.

이제는 온라인 마켓을 여는 것이 그리 어렵지 않은 일이 되었다. 온라인 채널에 가입하고 물건을 올리는 일이 처음에는 버겁게 느껴질지도 모른다. 필자의 경우에도 제품을 올리는 일이 익숙지 않아 세 시간 넘게 걸렸었다. 하지만 지금은 습관처럼 올릴 수 있게 됐다. 너무 겁먹지 않아도 된다는 이야기다.

콜투액션,
지금 바로 구매하세요

아주 중요한 내용임에도 가장 많이 놓치는 게 바로 콜투액션이다. 우리가 자주 사용하는 유튜브를 떠올려보자. '나중에 볼 동영상에 저장'을 눌러 영상을 다른 곳에 저장해두고 곧바로 다음 영상으로 넘어가는 경우가 있을 것이다. 그런데 나중에 보자고 미뤄 놓은 영상을 다시 꺼내 보기가 쉽지 않다. 새로운 자극이 항상 추가되기 때문이다.

상세페이지도 마찬가지다. 고객은 제품이 예뻐 보여서 찜하기를 누른다. 찜을 누름으로 인해 상세페이지의 노출 점수가 올라갈지는 몰라도, 이것이 실제 구매로 연결되는 것은 아니다. 생각보다 이런 경우가 굉장히 많다. 원츠에 해당하는 제품은 더 이런 성향이 강하다. 내 취향에 맞아서 찜은 해두지만 당장 필요한 게 아니기 때문에, 그대로 내버려 두는 것이다.

판매자는 찜 수가 늘어나면 트렌드에 맞게끔 잘 제작했다는 생각이 들어 뿌듯해한다. 하지만 다시 그 고객을 상세페이지로 불러들이는 것은 보통 어려운 일이 아니다. 이미 본 콘텐츠이기 때문이다. 우리 제품에 찜을 누르고 다른 곳에서 구매했을 가능성도 매우 크다. 선택지 중의 하나가 된 것이다. 이때 경쟁자의 제품이 아닌 우리의 제품을 구매해야 하는 이유를 만들어줘야 한다. 그 방법이 바로 콜투액션이다.

콜투액션은 말 그대로 액션을 부른다는 뜻이다. 고객을 구매하도록 채근한다는 의미와 같다. 고객을 어떻게 해야 효과적으로 채근할 수 있을까? 고객에게 구매하라고 제안하는 방법은 두 가지다. 할인 기간을 제한(시간 제한)하거나, 혜택을 받을 수 있는 인원을 제한(인원 제한)하는 것이다. 이 두 가지 방법 중 하나를 택해도 좋고, 두 가지 모두를 사용해도 좋다.

필자는 콜투액션을 상세페이지 구조의 아홉 번째 정도에 넣어 설명하지만, 사실 이 부분을 가장 상단에 올리는 경우도 정말 많다. 할인 폭이 큰 이벤트, 1+1 이벤트, 구성품 추가 이벤트, 리뷰 이벤트 등 고객 입장에서 메리트 있다고 느낄 만한 이벤트를 진행한다. 그러면 당연히 콜투액션을 가장 눈에 띄는 상단에 올려서 고객들을 사로잡는 것이다. 상세페이지 상단에 콜투액션을 넣더라도 상세페이지 뒷부분에도 한 번 더 반복해서 삽입해도 된다. 긴 상세페이지를 보는 중에 혜택을 잊어버렸던 고객에게 이벤트 내용을 한 번 더 상기시킬 수 있다.

콜투액션의 일곱 가지 방식

이제부터 주로 쓰이는 콜투액션의 일곱 가지 방법을 설명하도록 하겠다. 일곱 가지 방법을 쓰되, 앞서 이야기한 것처럼 기간이나 인원을 제한하는 방식을 결합해서 사용해야 한다. 그렇지 않으면 효과가 반감되니 주의하자.

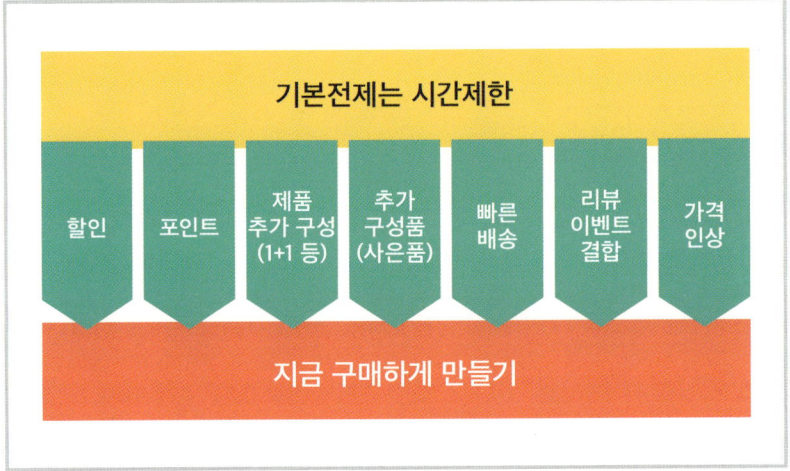

▲ 콜투액션 단계는 시간 제한이 있는 혜택으로 바로 구매하게 한다

콜투액션 단계는 그저 혜택을 제공하는 게 아니라, 고객에게 당장 구매해야 하는 이유를 만들어줘야 하는 부분임을 기억해야 한다.

비용 절감 혜택

상품을 구매할 때 드는 비용을 효과적으로 줄여주는 방법이다. 물론 선착순 인원이나 기한을 제한한다. 그러면 사람들은 혜택을 받기 위해 선착순에 들 수 있는지 파악하게 된다.

◀ 비용 절감 콜투액션 예시

　이때 몇 명으로 제한해야 하는지는 제품 특성, 즉 가격이나 카테고리에 따라서 달라진다. 하지만 터무니없이 너무 큰 범위로 설정하면 안 된다. 그러면 자칫 이벤트가 늘어진다고 느낄 수 있기 때문이다.

포인트 적립 혜택

비용 절감 혜택보다 큰 효과가 있지는 않지만, 포인트를 적립해주는 방식으로 혜택을 줄 수 있다. 포인트 적립은 기본적으로 고객이 재구매를 할 때 유용하다. 따라서 구매가 자주 일어나는 생활용품과 같은 카테고리에서 활용하면 효과적이다.

▲ 포인트 적립 콜투액션 예시

제품 추가 구성 혜택

이 방법이 요즘에 가장 효과적이다. 같은 제품을 1+1이나 1+2와 같이 구성해서 제품을 추가로 제공하는 방법이 있다. 이 방법이 가장

◀ 제품 추가 구성 콜투액션 예시

효과가 좋은 이유는 아주 직관적이기 때문이다.

어떤 화장품 회사에서 리무버를 세 개를 세트로 판매하고 있다고 가정해보자. 고객 입장에서는 세 개 세트라고 하는 것보다 '1+2'나 '1+1+1'이라고 하는 것이 더 눈에 띄고 더 큰 혜택을 받는 것 같다.

구성품 추가 혜택

본 제품을 하나 더 줄 수 없는 상황에 쓰면 좋은 방법이다. 본 제품의 가격이 너무 비싸거나, 두 개 이상 필요하지 않은 경우에는 제품 추가 혜택이 효과적이지 않을 수 있다. 그럴 때는 본 제품에 같이 쓰일 만한 제품을 추가해서 주는 방법이 있다.

▲ 구성품 추가 콜투액션 예시

등산 가방을 산다면 방수팩이 필요할 것이고, 고기를 자르는 가위를 산다면 고기 집게가 필요할 수 있다. 이렇게 본 제품과 같이 살 법한 제품을 정리해서 구성품으로 제공해도 좋다.

빠른 배송 혜택

만약 오후 두 시 이전에 주문하면 당일 발송해주는 방식으로 판매하고 있다고 가정하자. 그러면 오후 한 시에 해당 상세페이지를 보는 사람은 빠르게 구매하려고 할 것이다. 이와 동일한 방식이 쿠팡의 로켓배송에서 적용되고 있다. 쿠팡 와우 멤버십 회원인 경우 '로켓배

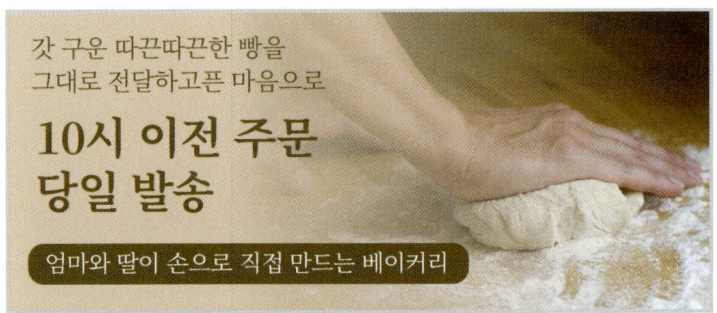

▲ 빠른 배송 콜투액션 예시

▲ 쿠팡 와우 멤버십 로켓배송 혜택

송' 혜택을 받기 위해서 N시간 이전에 주문해야 한다'라는 하단 정보를 지속해서 받는다. 고객은 내가 지금 계산하면 내일 바로 받을 수 있지만, 몇 시간만 늦어도 배송받을 시간이 늦어진다는 정보를 항상 생각하게 된다. 당연히 배송은 빠른 게 좋다.

우리도 마찬가지다. 마땅히 이벤트를 진행할 여건이 되지 않는다면 상단에서 배송시간이 얼마나 되는지 언급했던 것처럼 하단에서도 한 번 더 언급해준다. 이 방법을 통해서 고민하는 고객에게 혜택을 제공할 수 있을 것이다.

리뷰 이벤트 결합

리뷰 이벤트에 혜택을 크게 걸어두고, 시간을 제한하는 방법이다. 단 한 번도 리뷰를 달아보지 않은 사람은 없을 것이다. 온라인 쇼핑을 이용하는 고객이라면 당연히 리뷰를 달아보았을 것이다. 리뷰를 선정하는 이벤트를 걸고 크게 혜택을 공개하도록 하자. 고객이 리뷰를 더 정성스럽게 써줄 수도 있다.

◀ 리뷰 이벤트 결합 콜투액션 예시

가격 인상

많은 브랜드에서 이미 진행하고 있는 방식이다. 특정 날짜를 정해두고 그 날짜가 지나면 가격을 인상한다는 예고를 하고 판매한다.

▲ 가격 인상 콜투액션 예시(출처: 콜로소 홈페이지)

온라인 강의 사이트 같은 서비스를 둘러보면 자주 찾을 수 있는 방식이다. 지금 구매하지 않으면 가격이 인상되기 때문에, 즉 지금이 최저가이기 때문에 바로 구매하라고 고객을 설득한다. 할인 혜택과 비슷한 것 같지만, 뉘앙스가 다르다.

콜투액션의 명분

가끔 브랜드 이벤트의 명분을 어떻게 해야 하는지 묻는 분들이 있다. 브랜드 내부에서 별 이벤트가 없기 때문에, 무슨 명분으로 할인해야 하는지 묻는 것이다. 사실 명분은 만들기 나름이다. 제품 할인의 명분은 신제품 론칭, 제품 리뉴얼, 제품 패키지 제작, 감사 이벤트 등 많은 것을 들 수 있다. 그냥 각종 기념일에 진행하거나 브랜드 데이를 만들어서 진행해도 된다. 어떤 명분이 됐든 이벤트를 진행한다면 할인 소식을 알리고 고객을 유입시키는 효과도 있지만, 자연스럽게 브랜드의 새 소식을 전하는 효과도 있다.

　신제품을 론칭하는 이유는 지난 제품의 하자를 보수하거나 더 나은 제품을 론칭하기 위함이다. 제품을 리뉴얼하거나 제품 패키지를 제작하는 이유는 제품이 잘 판매되고 있어서 진행하는 것으로 보인다. 그리고 패키지를 제작한다는 명분으로 선물 패키지를 자연스럽게 고객의 눈에 띄게 배치할 수도 있다. 감사 이벤트도 마찬가지다. 잘 팔리는 제품의 상세페이지는 항상 고객과 의사소통한다. 감사 이벤트를 진행하는 것 자체로 브랜드를 겸손한 이미지로 제고시킬 수도 있고, 제품이 잘 팔리는 것도 어필할 수 있다.

　대형 브랜드에서 각종 이유를 붙여가며 할인하는 모습을 본 경험이 있을 것이다. 호시탐탐 할인 이벤트를 할 명분만 재고 있는 것이다. 밸런타인데이, 화이트데이, 가정의 달, 핼러윈데이까지. 어떤 브랜드들은 매달 할인을 진행한다. 아예 브랜드 기념일을 따로 만들기도 한다. 할인을 하기 위해서다. 다시는 돌아오지 않을 것 같은 혜택처럼 꾸며서 고객들을 부른다. 지금이 아니면 이렇게 큰 혜택은 볼 수 없을 거라고 말하면서 말이다.

　이때 주의해야 할 점이 하나 있다. 너무 뻔하게 행사를 진행하면 고객은 흥미를 느끼지 못한다. 그래서 브랜드들이 명분을 중요하게 여기는 것이다. 매번 행사를 뻔하게 진행하면 행사하지 않을 때는 고객이 구매하지 않는다. 어차피 나중에 할인 행사를 진행할 것을 아니까 할인하는 금액 자체를 원래 금액이라고 느끼게 된다. 콜투액션 단계에서 항상 새로운 이벤트를 진행하려고 골머리를 앓는 것보다, 콜투액션 장치를 해두고 상세페이지 안팎으로 어떻게 고객에게 어필할지 신경 쓰는 게 더 효과적인 것이다. 예를 들면 썸네일에서 콜투액션을 표현할 수 있다. 그것도 아니면 상세페이지까지 들어오는 광고배너에서도 표현할 수 있을 것이다. 상세페이지 내부에서만 콜투액션을 표현하는 것보다, 고객의 흥미를 끌어낼 수 있는 지점에 콜투액션 장치를 하는 것을 추천한다.

> **유용한 팁 구매 진입 장벽**
>
> 우리 상세페이지가 구매하기 좋게 세팅되어 있는가? 이 부분에 따라서 콜투액션의 비중이 달라질 것이다. 예를 들어보자. 우리가 어떤 브랜드 자사몰에 들어가서 베이컨을 구매한다고 가정해보자. 그럼 어떤 과정을 거칠까?
>
>   관심 있는 제품을 클릭하고, 장바구니에 넣을 것이다. 그다음에 회원가입을 하고, 다시 로그인한 후에, 장바구니에 있는 제품을 구매해야 한다. 그런데 장바구니에 있는 제품들이 네이버페이나 카카오페이 같은 간편 결제 방식과 연동되어 있지 않았다면? 카드결제를 위한 여러 가지 인증을 또 거쳐야 한다. 그 뒤에 가입을 축하하는 적립금을 사용해 해당 베이컨을 구매할 수 있다.
>
>   고객은 자사몰로 들어갔을 때 각종 페이를 통해 결제하지 못하면 우리가 생각하는 것보다 훨씬 큰 스트레스를 받는다. 구매를 포기할 정도로 말이다. 오늘날의 고객은 가입할 때 소셜 로그인을 통해 기존 아이디로 로그인이 가능한지, 쿠폰을 간단하게 적용할 수 있는지, 다른 소셜 로그인 정보를 가져와서 배송정보를 편하게 입력할 수 있는지 따진다. 최대한 고객의 손이 덜 갈 수 있도록 진입장벽을 낮춰야 한다.
>
>   자사몰을 만듦으로써 경쟁자의 견제를 줄이고 고객의 정보를 모으고 브랜드의 아이덴티티를 확립할 수 있지만, 기존 커머스 플랫폼에서 가능한 결제의 편리함을 어떻게 이겨낼 수 있을지 판단해야 한다. 우리 브랜드를 처음 마주한 사람이 알아보기 쉽게 디자인되어 있는가? 그렇지 않다면, 고객들에게 어떤 혜택을 줘야 하는가? 어떻게 고객에게 매력적인 제안을 할 수 있을까? 끊임없이 고민해야 한다.

상세정보, 궁금하시면 언제든 문의주세요

이제 마지막으로 상세정보 단계를 제작해야 한다. 많은 분이 상세정보 단계에서 꼭 입력해야 하는 부분만 대충 입력하고 크게 신경 쓰지 않는다. 혹은 아예 온라인 커머스 플랫폼에서 제공하는 텍스트 폼에만 적당히 입력한다.

사실 이 부분도 앞서 설명했던 CS 고객센터 단계처럼 잘 제작하면 비용을 줄일 수 있는 팁이 있다. 상세정보 단계에 어떤 내용을 넣는지에 따라서 교환율, 반품률이 달라지기 때문이다.

제품 정보

제품 정보 단계에서는 제품 상세 스펙과 구성품, 제품의 크기 및 색상 같은 정보가 구체적으로 들어가야 한다. 이런 정보를 어떻게 넣는 것이 효과적인지 구체적으로 알아보자.

제품 상세 스펙

당연히 넣어야 하는 제품 상세 스펙을 넣는다. 인증받은 내용도 반드시 넣어준다. 여기에도 그냥 텍스트로 넣는 것보다 이미지로 넣는 것이 효과적이다. 앞서 각종 인증들(HACCP 등)을 이미지로 넣었을 때 얻게 되는 효과와 같다. 이뿐만 아니라 이미지와 텍스트를 함께 넣으면 제품의 구성이 어떻게 되어 있는지 한눈에 확인할 수 있고 제품의 혜택이 커 보이는 효과를 보게 된다. 아이콘 등을 활용하면 제품의 구성이 풍부해 보이게끔 디자인할 수 있다. 전자제품을 판매할 때 특히 더 그렇다.

◀ KC 마크를 활용한 제품 상세 스펙 예시

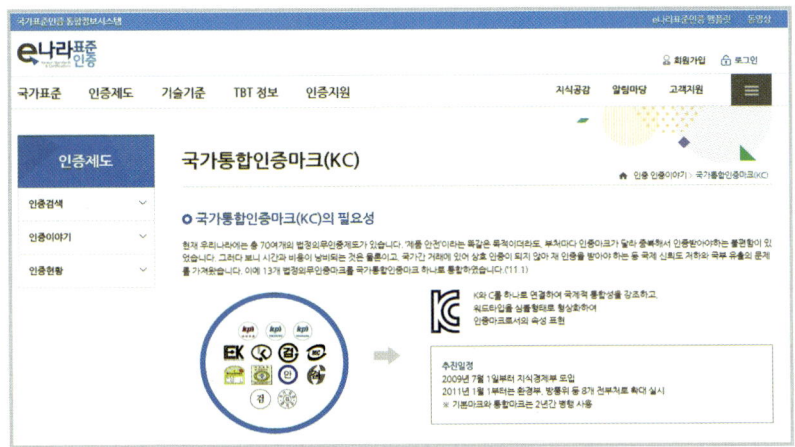

▲ 국가통합인증마크 관련 정보를 알아볼 수 있는 국가표준인증 통합정보시스템

제품의 크기를 한눈에 확인할 때는 텍스트로만 입력하는 게 아니라 배경이 없는 이미지와 함께 들어갔을 때 더 어필할 수 있다. 고객이 스펙을 검색해서 상세페이지에 들어오는 경우는 어떨까? 결론적으로 말하면 극히 드물다. 네이버나 쿠팡 등의 커머스 플랫폼에서는 필터 기능을 통해서 전자제품을 찾아낼 수 있게끔 만들어 놓았지만, 그 내용은 상세페이지가 아닌 별도의 탭을 눌러서 입력하게 되어 있다. 제품 상세정보는 상세페이지와 별도의 탭 두 군데에 들어가게 되는 것이다.

별도의 탭에 들어가는 상품의 상세정보는 제품의 정보를 있는 그대로 정확하게 기재하는 것이 중요하다. 하지만 상세페이지 내에 쓰인 상세정보는 검색 결과에 영향을 거의 미치지 않는다. 그보다 고객의 이해를 돕고, 혜택을 크게 보이게 하기 위해서 이미지를 사용할 수 있다.

구성품

전자제품의 경우, 본 제품 외에 패키지 안에 필수적으로 들어가는 구성품이 있을 수 있다. 그 구성품이 어떻게 들어가 있는지 보여줄 수 있다. 이렇게 하면 고객이 제품을 받고 나서 빠진 구성품이 없는지 금방 확인할 수 있다.

 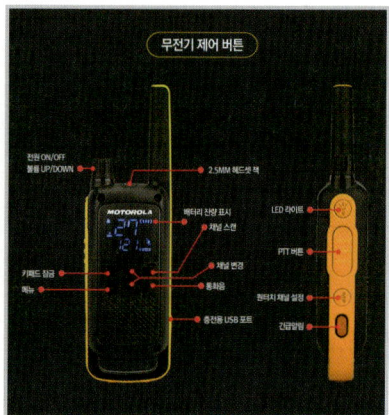

▲ 구성품 활용 상세정보 예시

이벤트 등으로 추가 구성품이 들어가는 경우에도 한 번 더 어필할 수 있다.

제품의 크기 및 색상

제품 크기나 색상에 대한 정보를 넣는다. 보통 상세 이미지 단계에서 설명했기 때문에, 넣지 않는 경우도 있다. 하지만 많은 사람이 상세 페이지 하단에서 제품의 상세정보를 얻을 것이라 예상한다. 그래서 제품의 크기가 구매에 영향을 줄 경우에는 밑으로 쭉 내려서 바로 상세 정보를 보기도 한다.

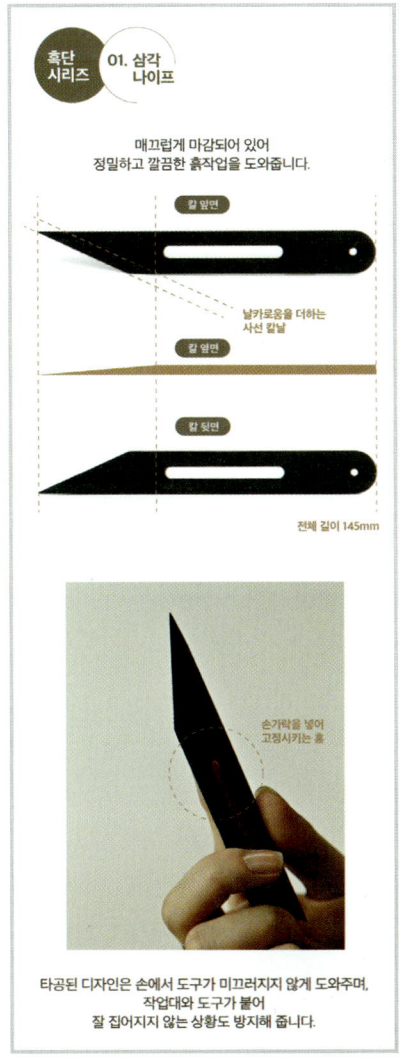

▲ 제품의 크기를 설명하는 상세정보 예시

    상세 정보에서는 제품의 크기와 색상을 최대한 정확하게 넣어준다. 또한 '측정 방식에 따라서 크기가 달라질 수 있다'거나 '모니터 설정마다 색상이 달라질 수 있다'라는 멘트도 함께 넣어 추후 일어날 CS 문제에 대비할 수 있다.

비용을 줄일 고객센터 정보

판매자가 가장 어려워하고 난감해하는 것 중 하나가 바로 CS이다. 고객센터를 두지 않고 판매자가 직접 CS를 처리하는 경우도 많다. 불만이 있는 고객을 상대하기가 쉽지 않기 때문이다. 이런 CS의 비용을 줄일 수 있는 방법에 대해 자세히 알아보자.

교환, 반품

교환과 반품을 위한 고객센터를 언급한다. 이때 교환과 반품의 기준을 잘 작성해야 한다. 주문 제작인 경우에는 교환과 반품이 어렵다는 사실을 알려줘야 하고, 나무 제품인 경우에는 반드시 나무의 결이 다를 수 있음을 적어야 한다. 사실 너무나 당연한 내용인데 많은 판매자가 이런 내용을 적지 않아서 CS 비용을 쓰게 된다. 그리고 고객센터

▲ 교환, 반품 상세정보 예시

로 연락하는 방법을 함께 적어 놓는다. 작은 브랜드는 그냥 개인 번호로 고객센터를 운영하는 경우도 많다. 이런 경우 판매자에게 연락하기는 쉬울지 몰라도, 나중에 문제가 생겼을 때 제대로 대응하기가 쉽지 않다. 증거가 잘 남지 않기 때문이다. 그래서 대신 카카오 채널을 운영한다든가 문자로 고객센터를 운영한다든가 하는 방식으로 기록을 남기길 권장한다. 여기에 교환 및 반품을 위한 확인 사진을 어떻게 찍어서 줘야 하는지, 교환 및 반품의 기준이 어떻게 되는지 자세하게 이미지로 설명해 놓으면 고객센터를 운영하는 비용을 줄일 수 있다.

사용 방법

전자제품의 경우 사용 방법에 대한 문의가 자주 온다. 이때 사용 방법을 간략하게 볼 수 있게 구성해두면 어떨까? 당연히 고객센터 운영 비용이 줄어들 것이다.

내용이 복잡하다면 고객센터로 연결해서 안내해주는 것도 좋다. 유

▲ 김치냉장고와 연동된 앱 사용 방법 영상(출처: 유튜브)

튜브에 제품 사용 영상을 올려 영상 링크를 활용하는 것도 추천한다.

배송 관련 공지

배송을 진행할 때 어느 택배사를 통해서 진행하는지, 배송까지 보통 며칠이 소요되는지 작성한다. 제품이 무거워서 착불로 도착하는 경우에는 해당 내용도 같이 기입한다.

어떤 상품들은 특정한 날에 도착해야 하는 경우도 있다. 특정 기

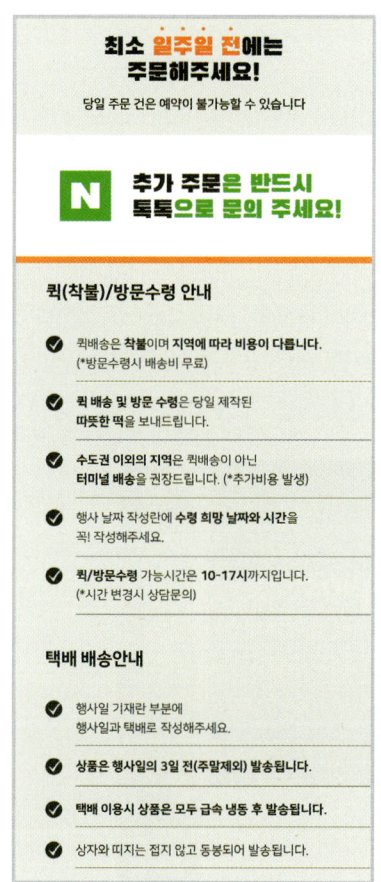

◀ 배송 관련 공지 상세정보 예시

넘일에 쓰는 제품인 경우가 그렇다. 아니면 핼러윈데이나 크리스마스와 같이 행사와 관련된 제품들도 방문 수령이나 퀵으로 받는 경우가 있다. 이런 문의가 많이 발생하는 카테고리의 상품은 고객센터로 연락해 받을 수 있는 방법을 소개하면 된다.

FAQ

FAQ는 상세정보에서 가장 중요한 부분이다. 자주 묻는 질문을 정리

◀ 카카오톡 대화창을 모티브로 디자인한 FAQ

해두는 것이다. 다른 내용들은 판매자들이 잘 인지하고 있지만, 이 FAQ를 넣지 않는 경우가 많다.

   그냥 줄글로 자주 묻는 질문을 정리해도 좋지만, 카카오톡처럼 문답 형태로 구성하면 사람들이 그냥 지나치지 않고 한 번 더 확인할 수 있다. 이미지가 눈에 더 띄기 때문이다. 게다가 익숙한 카카오톡 이미지라면 한 번 더 보게 된다.

> **Special page**
>
> ## 다른 상품 추가 제안하기

이렇게 상세페이지를 끝까지 다 정리해봤다. 한 제품을 소개한다는 기준에 맞춰 상세페이지 제작에 대해 논의했지만, 브랜드의 매출을 극대화하기 위한 상세페이지 장치는 아직 끝나지 않았다. 우리는 제품을 판매하는 사람이지만, 제품을 구매하는 입장에서 해당 제품 외에도 다른 제품이 추가로 필요할 수 있다. 같은 카테고리이거나 연관되는 제품이 필요한 것이다.

[같은 카테고리 연결]

앞서 소개한 것처럼 하나의 캠핑용품을 구매할 때 다른 캠핑용품도 함께 구매할 확률이 높다. 캠핑 테이블을 구매하면 왜건이 필요하고, 캠핑의자도 필요하다. 우리 제품을 구매하면서 다른 제품도 함께 구매하는 할 수 있도록 강조할 수 있다. 또한 원츠 제품의 경우, 우리 제품이 고객의 취향에 맞기 때문에 구매하는 것이다. 이런 고객을 놓쳐서는 안 된다. 고객에게 같은 트렌드의 제품 라인을 함께 소개해보자.

[비슷한 다른 제품]

우리 제품을 끝까지 봤지만, 구매하지 않는 이유는 무엇일까? 한가지 예를 들어보겠다. 한 고객이 너비가 50밀리미터인 빈 공병을 올린 판매 페이지로 들어왔다고 가정해보자. 그런데 고객은 우리 제품과 동일한 디자인에 너비가 30밀리미터를 공병을 찾고 있었다. 그렇다면 고객은 지금보다 너비만 줄어든 제품을 바랄 것이다. 이런 상황을 고려해서 스펙이 조금씩 다른 제품을 연결하는 것이다. 고객의 니즈를 맞는 제품을 해당 상세페이지에서 확인할 수 있도록 말이다. 그러면 제품 판매의 성공률이 높아진다. 디자인이 조금 다르고, 소재가 조금 다른 제품을 모으고 정리해서 연결하는 것이다.

▲ 비슷한 다른 제품과 연결한 예시

▲ 쿠팡의 함께 비교하면 좋을 상품

쿠팡에서는 이런 방식으로 자연스럽게 다른 상품으로 관심이 이어질 수 있도록 유도한다. 상세페이지 하단에 같은 군의 제품을 넣는 것이다. 이렇게 상세페이지를 디자인하면 니즈가 있는 고객들이 이탈하지 않고 계속 관심을 가지도록 만들 수 있다.

추가구매의 혜택 강조하기

상세페이지에 들어간 메인 제품과 관련된 다른 제품들을 소개할 때는 아래와 같은 혜택을 강조하면서 진행할 수 있다.

① 배송비 절약

당연히 소비자 입장에서는 배송비를 아낄 수 있을 것이다. 그리고 여러 제품의 결제와 배송이 한꺼번에 되기 때문에, 번거롭지도 않다. 몇만 원 이상 구매 시에 배송비 무료로 설정해 놓으면, 고객 입장에서 조금 돈을 더해 무료배송을 받고 싶을 수 있다.

② 할인율

할인율을 적용하는 이벤트를 하고 있었다면 그 할인율을 통해 다른 제품도 연쇄 할인을 받을 수 있다.

위 두 가지의 장점을 어필해서 구매 고객에게 추가적인 제안을 할 수 있는 것이다.

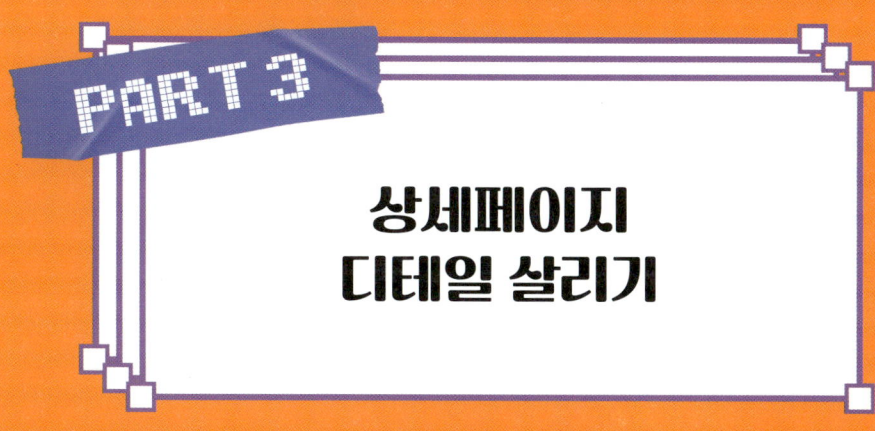

PART 3
상세페이지 디테일 살리기

클릭이 쏟아지는 썸네일의 세 가지 법칙

고객은 '노출, 유입, 전환' 순서대로 상품을 구매한다. 아무리 좋은 상세페이지를 만들었더라도 상세페이지에 유입되지 않는다면 효과가 없다. 결국 고객이 들어오는 문은 썸네일이다. 썸네일을 어떻게 하면 더 눈에 띄게, 그리고 효과적으로 디자인할 수 있는지 알아보자.

똑같은 상품 더 잘 파는 방법

판매자가 많이 하는 착각이 하나 있다. 바로 제품을 일단 업로드하기만 하면 잘 팔릴 거로 생각하는 것이다. 그런데 실제는 어떤가? 네이버 쇼핑에서 '덴탈마스크'를 검색하면 전체 제품 수가 17만 개 가까이 나온다. 포화상태라는 뜻이다. 내 제품이 그 17만 개와 비슷하거나 똑같은 제품에 뒤덮여서 아예 보이지도 않게 된다. 이런 상황에서 내 상품을 소개하는 것조차 어렵다.

고객이 원하는 바를 판매자가 알 수 있으면 얼마나 편할까? 고객이 원하는 제품 이미지를 골라서 보여주면 당연히 선호도도 높을 것이고, 썸네일을 누르고 들어오는 확률도 높을 것이다.

그런데 여기 고객이 원하는 바를 잘 파악할 방법이 있다. 사실 고객들은 오래전부터 자기가 원하는 바를 판매자에게 정확히 알려주고 있었다.

> 키워드 = 고객이 원하는 것

앞서 우리는 키워드에 대해서 알아봤다. 고객이 상품을 찾을 때는 키워드를 '텍스트'로 입력해서 찾는다는 내용이었다. 내가 바나나를 팔면서 '사과'라고 키워드를 붙이면, 사과를 찾는 사람들에게 내 상품이 노출된다. 이 점은 아주 당연하면서도 중요한 이야기다. 내가 뭘 올리던 내가 이름 붙인 것으로 찾는다는 뜻이다. 그런데 사과를 찾는 사람들, 그러니까 '사과'라고 검색한 사람들이 원하는 제품은 무엇일까? 당연히 진짜 사과다. 판매자는 키워드에 맞는 제품을 보여줄 수 있어야 한다. 그것도 아주 단기간에!

이제부터 필자가 설명하는 세 가지 방법으로 썸네일을 디자인하면 고객의 눈에 확 띌 수 있다. 첫 번째 방법은 세부키워드, 두 번째 방법은 의외성, 세 번째 방법은 이벤트 키워드이다. 이 방법을 활용하면 우리는 남들과 완전히 같은 제품을 더 잘 팔 수 있다. 이제부터 그 비법을 살펴보자.

첫째, 세부키워드에서 이미지 뽑아내기

앞서 공기청정기 예시를 들며 세부키워드에 대해 이야기했다. '공기청정기'보다 '미니 공기청정기'가, '미니 공기청정기'보다 '원룸용 미니 공기청정기'가 더 세부적인 키워드다. 더 구체적으로 제품을 표현하고 있기 때문이다. 제품을 판매할 때는 제품이 모든 것을 다 해내는 것처럼 말하는 것보다 이렇게 제품의 특징을 세부적으로 표현해서 타기팅을 하는 게 더 중요하다.

이런 제품 세부키워드에 맞춰서 썸네일을 디자인하는 방법은 무엇일까? 바로 썸네일에서 세부키워드를 추측할 수 있는 휴리스틱 디자인을 하면 된다. 예를 들어보자. 내가 미니 공기청정기를 판다면? 한 손으로 공기청정기를 들고 있는 이미지를 넣으면 어떨까? 다른 텍스트를 넣지 않더라도 공기청정기의 크기를 가늠할 수 있다. 조그만 테이블 위에 얹거나, 원룸을 배경으로 하면 어떨까? 마찬가지로 공기청정기의 용도를 추측할 수 있다.

활용하기 좋은 세부키워드 종류

모든 키워드를 이미지로 표현하기는 쉽지 않다. 그래서 이미지로 표현하기 좋은 네 가지 종류의 키워드를 소개한다. 제품 사용 장소, 제품 사용자, 제품 외형, 제품 특성 키워드이다. 이 네 가지 키워드를 이미지로 은은하게 표현할 수 있다.

제품 사용 장소는 제품의 배경에 쓰일 수 있다. 제품 사용자는 제품을 들고 있는 모습으로 표현할 수 있다. 육아 제품을 판매한다면 아기가 함께 나오는 이미지가 한눈에 들어올 것이다. 고양이용 장난감을 판매한다면 고양이가 장난감을 가지고 노는 모습이 좋다. 제품 외형 키워드는 색상이나 크기와 관련된 키워드가 있을 수 있다. 제품의 이미지를 썸네일로 보여주는 방식이다.

세부키워드 특성을 살리지 못하는 판매자가 의외로 많다. 예를 들면 이렇다. 이유식을 판매하면서 식탁 위를 연출하느라 이유식 느낌을 전혀 못 살리는 게 그 예다. 이유식을 판매한다면 아이가 식사하는 모습을 넣어도 좋고, 식탁 위 유아용 그릇 같은 이미지를 같이 활용해서 은근하게 유아용임을 나타내도 된다.

제품 특성의 예를 들어보자. 당신이 아주 튼튼한 휴대폰 케이스를 판매한다고 가정해보자. 아무리 높은 고층에서 스마트폰을 떨어뜨린대도 스마트폰이 망가지지 않게 보호해주는 강화 휴대폰 케이스를

▲ 제품 특성을 살린 썸네일 예시

판매하고 있다. 그러면 썸네일에서 어떻게 보여줄 수 있을까?

스마트폰이 바닥으로 떨어지는 듯한 이미지와 바닥의 충격을 표현하는 그래픽 효과를 넣어서 강한 휴대폰의 케이스를 나타낼 수 있을 것이다.

제품의 비포 애프터를 배경으로 깔아도 좋고, CG 이미지를 활용해 제품을 드라마틱하게 표현해도 좋다.

둘째, 의외성으로 차별화하기

유입은 노출이 커질수록 같이 커지는 특성이 있다. 그래서 썸네일은 어쨌든 눈에 띄는 게 좋다. 눈에 띄어야 한 번이라도 더 선택받기 때문이다. 내가 아무리 예쁘게 디자인해도 눈에 띄지 않으면 아예 선보일 기회도 없어진다. 어떻게 하면 눈에 띌 수 있을까? 다른 썸네일과 차별점을 가지면 된다.

배경 다르게 하기

가장 쉬운 방법은 배경색을 다르게 하는 방법이다. 다른 판매자의 제품은 모두 하얀색 배경인데 당신의 제품 썸네일만 검은색이면 어떨까? 당연히 자연스럽게 눈길이 갈 것이다. 아예 배경에 두 가지 보색을 넣어서 눈에 띄는 데 모든 노력을 다하는 곳도 찾을 수 있었다. 색상을 바꾸는 것 외에 다른 방법은 없을까? 배경이 없는 사진들 사이에서 연출된 배경이 들어간다면 그것도 눈에 띌 것이다.

▲ 배경색을 보색으로 넣은 썸네일 예시

포인트는 색상을 넣거나 빼서 다른 썸네일과 다르게 하는 점이다. 추운 겨울에 입어야 하는 열선 패딩을 판매하고 있다면, 배경에 불이 난 것 같은 이미지를 활용해서 따뜻함을 강조할 수 있다. 그래서 제품 썸네일을 제작하기 전에 제품 카테고리를 쭉 보고 어떻게 하면 다른 썸네일들과 차별화되는 색상을 넣을 수 있는지 고민하는 게 좋다.

물론 이 방법은 현재 쿠팡이나 스마트스토어에서 권장하지는 않는다. 배경색이 있으면 광고 진행이 제한되기도 한다. 하지만 다수의 셀러가 활용하는 유용한 방법이다. 참고로 아마존에서는 썸네일에 관한 규정이 엄격해서 필자가 소개하는 썸네일 제작 방법을 상당수 활용할 수 없다. 이런 규정은 오히려 썸네일이 그만큼 효과적이라는 반증이다.

의외성은 기본

사실 썸네일의 의외성은 기본으로 생각해야 한다. 아무리 좋은 아이디어가 있어도 남들과 다르지 않으면 눈길이 가지 않는다. 의외성 외에 나머지 세 개의 특성을 조합해 썸네일을 제작하더라도, 항상 의외성을 염두에 두고 있어야 한다는 뜻이다. 내가 구상한 이미지와 비슷한 것이 시장이 이미 제작되어 있다면 아이디어를 더 구상해야 한다.

그러니 썸네일을 제작할 때는 기존 시장에서 주로 어떤 이미지가 쓰이는지 확인해봐야 한다. 그래야 어떻게 특이하게 할지 아이디어가 생기기 때문이다. 다른 경쟁 스토어의 썸네일에 사람이 나오는지, 나오지 않는지, 우리가 쓰는 패키지 색상이 더 눈에 띄는지, 썸네일에 텍스트를 넣을 수 있는지, 다양한 방법을 통해서 우리 썸네일이 달라 보이게 만드는 데 힘을 쏟자.

이벤트 키워드로 혜택 강조하기

만약에 당신이 1+1으로 제품을 판매하고 있다고 생각해보자. 1+1은 고객들이 아주 선호하는 키워드다. 고객에게 줄 수 있는 큰 혜택이다. 그러면 썸네일에서 이 점을 강조하면 효과적이다. 제품 두 개가 나란히 있고, 하단에 1+1이라고 작성하면 어떨까? 당연히 고객 눈에 확 띌 것이다.

1+1 이벤트만 표현할 수 있는 게 아니다. 무료배송, ○퍼센트 할인, 증정상품 등 고객을 유입시킬 만한 파격적인 이벤트를 진행하고 있다면 썸네일에서 그 내용을 텍스트로 입력해서 표현할 수 있다. 1+1, 할인, 무료배송 이벤트의 경우에는 썸네일 모서리에 도형을 넣어 굵은 글씨로 표현하면 사람들이 더 직관적으로 이해할 수 있을 것이다. 증정상품을 제공하는 경우에는 썸네일 한쪽에 증정상품 이미지를 추가로 넣어서 표현할 수도 있을 것이다. 그러면 덤처럼 느껴져서 고객들은 큰 혜택을 받는다고 느끼게 된다.

▲ 1+1 이벤트 썸네일

▲ 증정상품 이벤트 썸네일

▲ 무료배송 이벤트 썸네일

▲ 할인 이벤트 썸네일

　이런 이벤트 키워드를 넣을 때는 파격적인 혜택 위주로 넣어야 한다. 그저 그런 내용을 넣는다면 효과가 없다. 내가 진행하고 있는 이벤트가 유입에 도움이 될 만한 큰 혜택인지 꼭 확인해보자.

카테고리의 특수성을 고려하자

　예를 들어 당신이 단체 티셔츠를 판매하고 있다고 가정해보자. 단체 티셔츠는 무지 티셔츠에 회사, 동아리, 학교 등 단체에서 원하는 문구를 인쇄해서 만드는 것을 말한다. 그러면 단체 티셔츠는 어떤 썸네일이 좋을까? 당연히 많은 선택지를 가지고 있다는 특성을 보여주기 위해서 썸네일에 빼곡히 티셔츠 디자인을 넣는 것이 좋다.

이렇게 카테고리의 특수성에 따라서 그에 어울리는 썸네일이 몇 가지 있다. 선택지를 많이 보여줘야 하는 카테고리가 특히 그렇다. 카페에서 쓸 수 있는 잔을 판매하는 스토어라면 다양한 잔을 보유하고 있다는 것을 보여주는 게 좋다. 그래야 고객은 이 상세페이지에서 전부 구매할 수 있다고 판단할 테니 말이다. 같은 디자인에 색상만 달라지는 제품이라면 썸네일 하단에 색상 리스트를 넣어서 고객이 한 눈에 확인할 수 있도록 돕는다.

▲ 색상 리스트를 넣은 썸네일

사실 썸네일은 굉장히 중요한 요소인데도, 막상 중요하게 디자인하지 않는 것 같다. 상세페이지를 제작하고 나서 그중 가장 괜찮은 이미지를 넣는 분이 많다. 나쁜 썸네일은 아니지만 평범해 보인다. 고객은 검색 한 번에 수만 개의 제품을 만난다는 것을 기억하자. 제품을 처음 업로드해서 파는 상황에서는 유입 한두 번이 굉장히 크게 느껴진다. 또한 유입률을 조금 높이는 것만으로도 매출이 나비효과처럼 커진다.

썸네일을 어떻게 하면 예쁘게 만들 것인가 하는 기술적인 부분보다 어떻게 하면 고객들의 눈에 띄고, 친절하게 제품을 안내할 것인지에 집중해야 한다.

> **Special page**
>
> ## 썸네일에 사람 얼굴을 넣는 이유

우리 뇌에서 다른 정보보다 중요하다고 판단하는 정보가 있다. 예를 들어 우리를 위협하는 정보 등은 우리 뇌에서 아주 중요하다고 판단한다. 그래서 위협 정보가 들어오면 알람이 켜진 것처럼 그 상황에서 벗어나기 위해서 몸에 긴장감을 만들어낸다. 땀이 나고 스트레스를 받는다. 최대한 빨리 대피할 수 있도록 신호를 보내는 것이다.

이와 비슷한 정보가 하나 더 있다. 바로 사람의 얼굴이다. 아주 오래전 인간은 무리로부터 배척당하는 일이 죽음을 선고받는 일과 같았다. 인간은 사회적 동물이고, 서로를 지켜내기 위해 협동하는 방법을 배웠다. 그 과정에서 사람의 표정을 파악하는 일이 중요해졌다. 기분은 사람의 표정에 미묘하게 드러나는데, 그 사람의 기분을 상하지 않게 하고, 사람들과 함께 생활하는 방법을 배운 것이다.

그래서 우리는 사람의 얼굴 이미지가 있으면 집중하게 된다. 게다가 한 연구에 따르면 우리의 무의식은 사람의 이미지와 실제 사람의 얼굴을 구분하지 못한다. 그러니까 드라마에 나온 배우의 눈물과 실제 마주한 사람의 눈물을 근본적으로 구분하지 못하는 것이다. 그래서 우리는 드라마 내용이 허구인 것을 알면서도 눈물을 흘리고 공감한다.

인간의 뇌는 TV 속 친구와 현실의 진짜 친구를 잘 구별하지 못한다. 그런 까닭에 TV 속 친구를 자주 만나면, 즉 좋아하는 인물이 등장하는 TV 프로그램을 보고 있으면 점점 진짜 친구와 함께 있는 듯한 기분이 들고 실제 교우 관계에 대한 만족도도 높아지는 것이다.

사람의 얼굴 '이미지'도 마찬가지다. 그냥 쓱 지나치는 썸네일, 또는 상세페이지에 들어가 있는 얼굴 사진을 보고 우리는 실제로 그 감정을 그대로 느낀다. 사람의 얼굴에는 관련한 심리학적인 효과가 많은데, 그중에서 큰 비중을 차지하고 있는 것이 '거울 효과'이다. 우는 사람을 보고 있으면, 나도 모르게 슬픈 감정을 느낀다. 웃는 사람을 그림으로 그리고 있으면, 어느새 따라서 웃고 있는 내 모습을 발견하게 된다. 사람의 감정은 사람 사이로 번져나간다.

얼굴 이미지가 주는 효과는 이것뿐만 아니다. 우리는 판매자의 얼굴이 드러나 있는 것을 신뢰할 수 있다고 판단한다. 사실 제품과 판매자의 얼굴은 아무런 관련이 없다. 판매자의 얼굴이 드러난다고 해서 제품의 퀄리티가 더 좋아지는 것은 아니지 않는가. 그런데도 고객들은 판매자의 얼굴을 드러낸 제품을 보면서 '자신 있으니 얼굴을 공개하는 거겠지' 하고 판단한다.

그러니 사람의 팔, 다리보다 사람의 얼굴에 더 많은 정보가 포함되어 있는 것이다. 이런 이유로 썸네일에 사람의 얼굴 이미지가 많이 들어가 있다. 제품만 있는 썸네일 사이에 사람이 있을 때 훨씬 눈에 띈다. 그래서 수많은 판매자가 이 방법을 사용한다.

▲ 제품 이미지가 들어간 썸네일 사이에 사람의 표정이 들어간 썸네일

이 경향은 식품 카테고리에서 더 심화된다. 어느 식품 카테고리마다 식재료를 손에 들고 활짝 웃고 있는 사람의 이미지를 확

인할 수 있을 것이다. 여기에 수산물이면 바다를 배경으로 하고, 농산물이라면 밭을 배경으로 한다. 휴리스틱이다. 산지직송의 이미지를 그대로 전달하는 것이다. 실제로 그 식품이 어디서 배송이 되는지는 상관없다. 더 신선한 제품을 받아볼 수 있을 것 같은 뉘앙스를 준다.

하지만 이제 이 방법조차 흔해져서 점점 효과가 떨어지고 있다. 생산자가 식품을 들고 환하게 웃고 있는 이미지가 더 이상 고객들에게 신선하게 다가가지 않을 수 있다는 사실이다. 썸네일은 항상 의외성을 가지고 온다. 달라야 눈에 띈다. 그런데 고객들이 이미 이 썸네일 제작 방법에 대해 의식하고 있으니, 이제 새로운 아이디어를 가져와야 할 때가 왔다는 뜻이다.

아직도 식품 카테고리에서 판매자 사진을 올리지 않은 곳이 많다. 그런데 판매자의 사진 올리는 곳이 많아진 것도 사실이다. 우리는 새로운 아이디어를 계속 고민해야 한다. 어떤 썸네일이 눈에 띨 수 있을까? 어떤 썸네일이 사람들을 궁금하게 만들고 누르고 싶게 만들까? 답은 계속 변화할 것이다. 고객들의 익숙함을 떠나서 계속 진화할 테니 말이다.

모바일 최적화가 최우선

PC 웹보다 모바일이 대세가 되었다는 사실을 의심할 사람이 있을까? 오히려 PC에서 웹서핑을 하다가도 스마트폰으로 구매 창을 여는 경우도 많다. 결제 등 구매하는 과정이 더 단순하기 때문이다. 그냥 손가락을 한 번 미는 것으로도 제품이 우리 집까지 오게 할 수 있다. 전문가들은 70퍼센트 이상이 스마트폰으로 쇼핑한다고 말한다.

자, 그러면 우리는 어떻게 해야 할까? 당연히 모바일에 최적화되게끔 상세페이지를 디자인해야 한다.

PC 웹에서 모바일 체크하기

요즘에는 웹사이트가 대부분 반응형으로 제작되어, 모바일에서 상세페이지로 들어가도 화면 크기에 알맞게 내용이 조절된다. 플랫폼 내부에 있는 에디터로 제작하면 크기가 알아서 조절된다는 의미다. 그런데 상세페이지를 통이미지로 제작하게 되면 어떨까? 이미지는 모바일 가로 사이즈에 맞춰서 조절되겠지만, 그만큼 텍스트도 줄어들어 보일 것이다. 그러면 PC 웹상에서는 보이는 텍스트가 모바일상에서는 보이지 않을 수 있다.

모바일이 대세가 되었다는 것은 모두 인정하면서도 모바일에 최적화되지 않은 상세페이지를 많이 만날 수 있다. 그 이유는 상세페이지를 제작하거나 컨펌, 업로드하는 사람 모두 컴퓨터로 상세페이지를 제작하기 때문이다. 그래서 내가 PC 웹상에서 체크했을 때는 별 이상 없고 잘 디자인되어 있는데도, 막상 모바일로 보면 적절하지 않은 경우가 많다. 그래서 작업자나 관리자는 모바일로 상세페이지를 체크해야 한다. 네이버 웨일을 사용하면 텍스트가 모바일상에서 잘 보이는지 PC에서 체크할 수 있다. 네이버 웨일은 크롬과 같은 웹 브

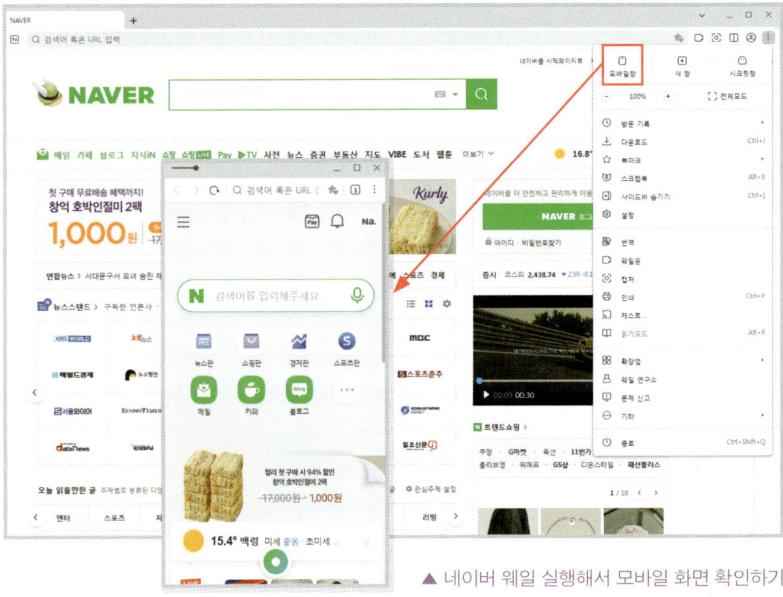

▲ 네이버 웨일 실행해서 모바일 화면 확인하기

라우저이다. 꼭 모바일 확인을 위해서가 아니더라도 사용할 수 있다. 네이버 웨일을 실행시킨 뒤 좌측 상단의 메뉴 버튼을 누르고 [모바일창] 버튼을 누르면 모바일에서 어떻게 보이는지 확인할 수 있다.

모바일 최적화 체크리스트

우리 모두 모바일 기준으로 디자인해야 한다는 것은 모두 알고 있을 것이다. 하지만 디자인은 보통 웹으로 작업하기 때문에, 모바일 최적화를 따로 체크하지 않으면 고객이 모바일로 보기에 불편하게끔 디자인하게 된다. 체크리스트를 통해서 상세페이지가 모바일 최적화로 디자인되어 있는지 다시 한번 확인해보자.

글의 양 줄이기

같은 글을 써도 모바일에서 보면 텍스트가 훨씬 많아 보인다. 가로폭이 좁기 때문이다. 그리고 모바일 환경은 집중력도 낮아지기 때문에, 글의 양이 너무 많지는 않은지 꼭 체크해야 한다. 스마트폰으로 글을 읽다가 같은 줄을 여러 번 반복해서 읽은 경험을 모두 한 번쯤 해보셨을 것이다. 다음 문장으로 넘어가지 못하고 같은 자리를 도는 것이다. 그래서 온라인상에 정보가 있는데도 굳이 인쇄된 책을 고르는 사람들도 있지 않은가.

모바일에서는 새로운 자극이 항상 준비되어 있다. 조금이라도 지루해지는 걸 참지 못한다. 글이 많아지면 눈의 이동도 많아져서 눈의 피로도도 높아진다. 노력하지 않으면 긴 글을 읽기 힘든 환경이다. 그렇기 때문에 우리는 글을 줄여야 한다. 그냥 글을 줄이라고 하면 낙담하는 분들이 있다. '내가 얼마나 긴 시간을 들여 기획한 제품인데', '아무리 다시 봐도 전부 중요한 내용이라 뺄 내용이 없어요'라고 생각한다. 글을 줄일 때는 그냥 글을 싹둑 잘라내는 방법도 있지만, 글을 간략하게 요약하는 방법도 있다.

다음 메인 카피 예시를 보자.

> ❶ 미니 선셋 조명으로 방 안의 분위기를 확 바꿔 보세요!
> ❷ 분위기 반전, 미니 선셋 조명!

❶의 문장을 ❷와 같이 줄일 수 있다. '분위기를 확 바꿔 보세요!'라는 멘트를 '분위기 반전'으로 줄일 수 있다. 문장으로 되어 있는 것을 '형용사+명사'나 '명사+명사'로 만들면 텍스트양을 줄이고 간략하게 만들 수 있는 것이다.

글씨 크기 키우기

글 양을 줄이고 나면 글씨 크기를 키우는 것은 좀 더 수월해진다. 말 그대로 가로폭에 맞게끔 적절하게 키우면 된다.

이때 이런 궁금증이 생긴다. "모바일을 기준으로 제작하게 되면 웹에서 봤을 때 너무 커 보이지 않을까요? PC로 보는 사람도 있을 텐데요." 이 문제는 안심해도 된다. PC로 보는 사람도 자잘한 글씨를 별로 좋아하지 않으니 말이다. 텍스트가 많으면 웹이든, 모바일이든

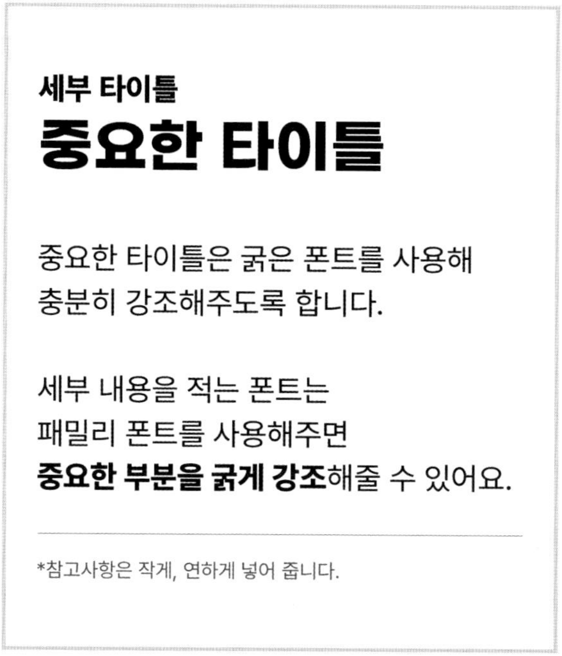

> **세부 타이틀**
> # 중요한 타이틀
>
> 중요한 타이틀은 굵은 폰트를 사용해
> 충분히 강조해주도록 합니다.
>
> 세부 내용을 적는 폰트는
> 패밀리 폰트를 사용해주면
> **중요한 부분을 굵게 강조**해줄 수 있어요.
>
> ---
>
> *참고사항은 작게, 연하게 넣어 줍니다.

◀ 텍스트를 넣는 방법 예시

기본적으로 사람들이 피로감을 느낀다. 분명한 목표가 있지 않은 이상 잘 읽지 않는다는 뜻이다. 이 현상은 최근 들어 더 심해졌다.

모바일 기준으로 상세페이지를 구성하게 되면 가로폭이 줄어들기 때문에, 한 줄의 글자 수도 자연스럽게 줄어들게 된다. 글 읽는 것을 좋아하지 않는 사람들이 더 편하게 상세페이지를 읽을 수 있게 만들 수 있다.

PC 웹용이 더 예쁜데요

디자인 포트폴리오를 확인할 수 있는 사이트를 보거나, 조금 예전에 제작된 작업물들을 보면 정말 깨알 같은 글씨로 제작되어 있는 상세페이지를 볼 수 있다. 이건 PC 웹용으로 제작된 것일 수도 있고, 실제 사용하는 게 아닌 포트폴리오용으로 만든 것일 수도 있다. 그런데 이렇게 제작한 디자인이 상대적으로 예뻐 보이는 것은 사실이다. 여백의 미가 있어 더 세련되어 보인다.

그런데 예뻐 보인다고 해서 그대로 사용해서는 안 된다. 이미 모바일 이용수가 웹 이용수를 넘은 지 오래다. 모바일 쇼핑은 2021년 1월, 전체 거래 비중의 70퍼센트를 넘어섰다.

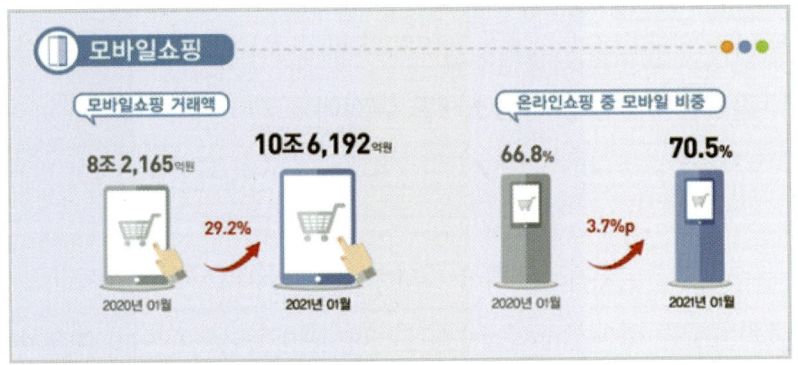

▲ 온라인 쇼핑 동향(출처: 통계청)

커머스 플랫폼에서는 모바일이 대세라는 의미다. 그런데 예쁘다는 이유로 PC용 상세페이지를 사용하는 건 전형적인 소탐대실이라고 볼 수 있다. 게다가 앞서 이야기했듯이 웹 이용자도 깨알 같은 글씨를 좋아하지 않는다는 사실을 기억해야 한다.

군이 PC용 상세페이지 디자인을 사용하고 싶다면, 웹용 상세페이지와 모바일용 상세페이지를 구분할 수 있을 때 사용해야 한다. 홈페이지 내에서 반응형 웹페이지를 따로 구현할 능력이 갖추어지면 하는 게 좋다.

로딩 확인하기

PC로 봤을 때는 문제가 없었는데, 모바일에서 확인해보니 로딩 속도가 현저하게 느린 경우가 있다. 이건 실제 스마트폰으로 확인해봐야 알 수 있다. 상세페이지가 너무 무겁거나 서버상에 문제가 있는 경우일 수 있다. gif 파일 사용이 거의 필수가 되면서 이런 현상이 더 많아졌다.

상세페이지의 로딩을 확인하면서 흰 화면이 너무 오랫동안 노출되지 않는지 체크하자. 고객은 차분하게 상세페이지가 다 로딩될 때까지 기다리지 않는다. 스토어 밖에 수많은 제품이 기다리고 있기 때문이다. 그저 빈 화면인 줄 알고 뒤로가기를 누르게 된다. 꼭 상세페이지 용량과 이미지상의 오류가 있는지 체크하자.

체크할 때는 실제로 상품을 올려놓고 그 플랫폼에 들어가서 확인해보면 좋다. 앞에서 요즘 플랫폼은 상세페이지 상단 부분만 잘라내어 고객에게 보여준다고 설명했다. 나머지 상세페이지를 보려면 [상품정보 더보기] 버튼을 눌러야 한다고 말이다. 그래서 실제로 플랫폼에 들어가서 우리 상세페이지가 어떻게 보이는지 확인해보는 것이 중요하다. 초기 화면에서 우리가 생각한 구매 혜택을 고객이 제대로 확인할 수 있는지 말이다.

애초에 gif 파일의 용량을 크게 줄여서 업로드하는 것도 방법이다. 앞서 설명했던 Ezgif.com이라는 사이트에 들어가면 gif 파일의 이미지의 사이즈나 용량을 줄일 수 있다. 4MB 이하로 파일의 용량을 떨어뜨리는 것을 추천한다. 보통 [optimize] 탭을 이용하여 용량을 줄인다.

이렇게 여러 포인트를 바탕으로 모바일 최적화를 체크할 수 있다. 어떤 분은 이런 사소한 것까지 신경 써야 하냐고 물을 수 있겠다. 하지만 대다수의 제품이 소수점 자리의 전환율을 가지고 싸운다. 노출, 유입, 전환의 과정이 정말 세세한 싸움이라는 의미다.

정말 사소한 이유로 사람들이 이탈한다. 내가 그냥 넘겼던 사소한 부분이 돌부리가 된다. 고객을 생각하는 친절한 디자인이 차곡차곡 모여 소수점의 퍼센트포인트 상승을 만들어낸다. 사소한 디자인 포인트가 매출을 결정한다.

고객을 집중시키는 상세페이지 단계 구분

어차피 상세페이지는 쭉 하나로 연결되어 보이는데 왜 굳이 단계를 구분해야 할까? 사람들은 상세페이지를 꼼꼼히 보지 않는다고 이야기했다. 그러면 고객은 어떻게 상세페이지를 볼까? F자 모양으로 훑는 듯이 읽는다.

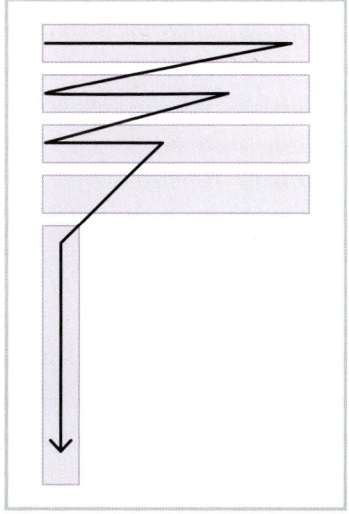

◀ 고객이 상세페이지를 읽는 시선

그러니까 중요하다고 강조한 부분을 중심으로 훑는다는 뜻이다. 우리가 만약에 단계 구분 없이 상세페이지를 물 흐르듯이 만들면 어떨까? 카피가 매우 흥미롭지 않다면, 고객이 끝까지 집중해서 읽기 어려울 것이다.

(상세페이지에 악센트 넣기)

상세페이지 단계를 구분한다는 의미는 사람이 집중할 수 있는 강조점, 즉 악센트를 준다고 이해하면 좋다. 예시로 수업을 듣다가도 선생님이 '자, 여기서부터는 집중해야 해'라고 하면 자연스럽게 집중력이 높아진다. 이런 요소를 단계가 바뀔 때 넣으면, 고객은 각 내용을 구분해서 머릿속에 입력할 수 있게 된다.

내용을 구분할 수 있게끔 만드는 것에는 두 가지 방법이 있다. 하나는 파트별로 배경색을 나누는 것이고, 다른 하나는 핵심이 되는 키워드를 큰 글씨 타이틀로 표현해서 자연스럽게 파트를 나누는 방법이다.

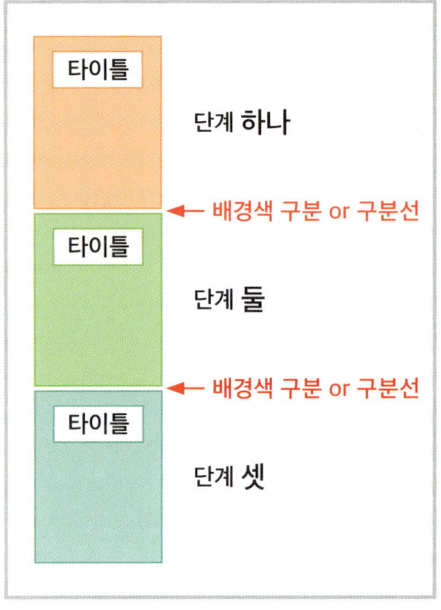

◀ 단계별 강조 요소 넣는 법

메인 이미지 파트를 검정 배경에, 세부 내용 파트를 흰색 배경에 넣었다고 가정해보자. 그러면 쭉 스크롤을 내리다가 흰색 배경에서 한 번 더 집중할 수 있게 된다. 스크롤을 빠르게 넘기며 훑는 스타일의 고객이라면 더 효과가 좋을 것이다. 상세페이지에 강조점을 줘서 잠깐이라도 멈추고 가게 하거나 무의식적으로 내용을 읽게끔 만든다. 큰 카피로 단계를 나눈다면, 고객은 큰 글씨만 주르륵 읽다가 중요하다고 생각되는 부분에서 멈춰서 자세히 읽을 것이다. 메인 텍스트와 세부 텍스트 간의 글씨 크기 차이가 없다면 고객은 어떤 정보를 우선해서 읽을지 헷갈린다.

그렇다고 악센트를 넣는 방법을 계속 사용하면 어떻게 될까? 어지럽다고 느끼거나 더 이상 자극을 받지 않을 것이다. 적절하게 넣어서 고객의 주의를 환기하는 게 중요하다.

상세페이지의 변형, 스토리형 상세페이지

크라우드 펀딩 플랫폼에 자주 쓰이는 상세페이지처럼 요즘 자주 사용되는 특이한 상세페이지가 있다. 이것을 정확히 집어서 부르는 명칭은 없지만, 여기서 필자는 '스토리형 상세페이지'라고 부르겠다. 우리가 만든 상세페이지 기본 원칙은 고객의 신뢰도를 쌓을 수 있는 방향으로 구성한 것이다. 반면 스토리형 상세페이지는 고객의 흥미를 끌 수 있을 만한 방향으로 만든 것이다.

스토리형 상세페이지의 특징

일반 상세페이지와 스토리형 상세페이지가 이렇게 차이가 나는 이유는 여러 가지가 있다. 크라우드 펀딩 플랫폼으로 예를 들어보자. 크라우드 펀딩 플랫폼에 들어오는 사람들은 기본적으로 아직 시장에 나오지 않은 제품에 큰 관심이 있고 구매할 준비가 되어 있다. 그래

판매 증거	기존 브랜드 제품, 시제품 체험단 리뷰
문제 제기	일반 상세페이지보다 많음
핵심 gif	일반 상세페이지보다 많음
인증	일반 상세페이지와 동일
콜투액션	얼리버드 혜택면에서 유리
메인 이미지	일반 상세페이지와 동일
상세 이미지	일반 상세페이지와 동일
공감	상품 기획의 진정성, 신뢰도가 나타나도록
판매 관리	펀딩 종료 이후 어떻게 제품 배송할지 자세하게
상세정보	일반 상세페이지와 동일

▲ 스토리형 상세페이지의 구조와 특징

서 이 제품이 시장에 나오게 된 스토리를 더 궁금해하고, 공감하는 것을 원한다. 제품이 개발되게 된 계기를 강조하기 위해서 판매자들은 앞선 부분에 더 흥미를 끌 수 있을 만한 자료를 사용한다. 게다가 처음 개발한 제품이기 때문에, 제품의 실제 효과에 대해서 의구심을 가진 경우가 많다. 우리가 생전 처음 본 브랜드를 경계하는 것과 마찬가지다. 그래서 판매자들은 그 의심을 해소할 수 있게끔 체험단이나 리뷰 내용, 실험 내용 등을 상단에 배치해 고객들이 안심할 수 있도록 만든다.

또 펀딩 플랫폼에서는 상세페이지 내에 창작자 소개를 반드시 넣게끔 하는데, 이 부분에서도 상세페이지가 달라진다. 브랜드 소개라기보다 창작자 개인이 지금까지 어떤 일을 해왔는지를 말하는 것이다.

스토리형 상세페이지의 구조

이제 팔리는 스토리형 상세페이지의 구조에 대해서 알아보자. 일반 상세페이지와 중복되는 부분은 생략하고 차이점을 위주로 설명할 것이다. 여기서 쓰인 일부 예시는 서울시 자치 공공기관 지원 사업으로 디자인된 펀딩 사업에 참여하여 제작된 상세페이지를 각색한 것임을 알린다.

판매 증거

판매 증거는 스토리형 상세페이지이더라도 가장 중요한 단계 중 하나이다. 심지어 처음 물건을 판매하는 크라우드 펀딩 플랫폼에서도 말이다. 펀딩 상세페이지를 컨설팅하다 보면 이런 질문을 받는다. "한 번도 판매해본 적 없는 제품인데 어떻게 판매 증거를 만들 수 있어요?"

앞에 기본 구조에서 설명했듯이 판매 증거 단계를 강조하는 방법은 여러 가지다. 제품 리뷰를 사용할 때, 브랜드가 앞서 판매했던 제품들의 리뷰를 넣을 수도 있고, 펀딩 상세페이지 오픈 전에 진행한 체험단의 리뷰를 내세워서 판매 증거 단계를 만들 수 있다.

여기서 우리는 펀딩을 통해 최초로 선보이는 제품이니 리뷰는 없다고 하거나, 판매 증거 단계를 부실하게 '판매자의 상상만으로' 구성해서 업로드하게 되면 효과가 극히 낮아진다. 펀딩 플랫폼에서 [앵콜] 태그를 단 펀딩이 괜히 연달아 성공하는 것이 아니다.

문제 제기, 우리 제품에 대한 니즈

스토리형 상세페이지 구조를 찬찬히 훑어본 분들은 알겠지만, 기본 구조와 가장 다른 부분이 바로 문제 제기 단계이다. 이 제품이 개발되게 된 계기를 소개하기 때문이다. 보통의 상세페이지에서는 이 제품이 개발되기까지의 과정을 설명하지 않는다. 이미 기존 시장에 있는 기성 제품이기 때문이다. 문제 제기 단계는 두 단계로 진행된다. 사람들의 집중력을 높이기 위해서, 즉 스토리를 풀어내기 위해서 두 단계로 나눠서 상세페이지 안에 들어가게끔 만든다.

첫 번째 문제 제기는 제품에 대한 니즈다. 당신이 A브랜드의 탈모 샴푸를 온라인에서 판매한다고 가정하자. 그러면 일단 사람들에게 탈모와 관련된 이야기를 먼저 하는 것이다. 탈모로 고민하는 사람들의 이야기로 문제 제기를 시작한다.

두 번째 문제 제기가 이어서 등장한다. 탈모로 고민하고 있는데, 여러 경쟁 샴푸를 써봤지만 효과를 보지 못하는 사람의 이야기를 연달아 붙여준다. 그러면 자연스럽게, '탈모 고민을 해결해줄 수 있는

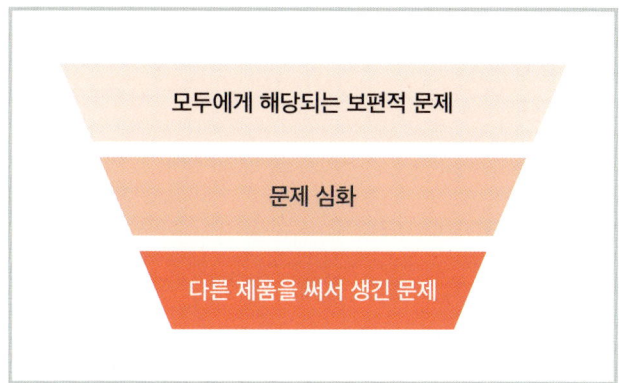

▲ 관심을 끌며 문제를 좁히는 과정

A샴푸'로 주제가 좁혀서 들어가게 된다.

이런 식의 문제 제기 흐름은 자주 발견할 수 있다.

> - 때이른 폭설! 올해 한파는 더 추울 것으로 예상됩니다. (필요한 상황 제시) 열선이 적은 전기난로로 올해도 춥게 보내실 건가요? (우리 제품 강조)
> - 수돗물에서 나오는 미세 녹물! (필요한 상황 제시) 제대로 된 샤워기 필터로 확실히 잡아내야죠! (우리 제품 강조)
> - 국민 필수 유아차 템 선풍기! 그런데 짝퉁도 있다고요? (필요한 상황 제시) 공식 인증된 A몰 선풍기로 우리 아이 안전하게~ (우리 제품 강조)

어떤 흐름인지 이해했을 것이다. 같은 문제를 제기하더라도 이런 식으로 공감할 수 있게 만들고 우리 제품 설명을 진행하면 자연스럽게 구매의지를 만들 수 있게 된다.

문제 제기 단계에서 자주 쓰는 표현이 있다.

> - 아직도 ~로 불편하게 쓰세요?
> - 언제까지 ~로 만족하세요?
> - 알고 계셨나요? ~한다는 사실!
> - 지금까지 ~하진 않으셨나요?

이런 질문들은 상세페이지를 보는 고객들에게 궁금증을 만들어낸다. 동시에 공감을 얻을 수 있다. 이렇게 질문을 던지면서 시작하면 내가 놓치고 있는 유익한 정보를 얻기 위해 사람들은 자연스럽게 상세페이지를 이어서 본다. 이런 질문들은 우리 제품 커뮤니티 반응을 얼마나 잘 이해하고 있느냐에 따라서 달라진다. 고객에게 질문을 건

네는 것 외에도 몇 가지 방법이 있다.

- 구매 전 필독! ~원칙 N 가지 (정보를 통해 궁금하게 만들기)
- 죄송합니다. 아무에게나 팔지 않겠습니다. (의외성 만들기)

이런 식으로 정보를 통해 궁금하게 만들거나, 상세페이지에서 잘 볼 수 없는 멘트를 통해 의외성을 만들기도 한다. 이런 내용을 넣는 이유는 자연스럽게 상세페이지 하단까지 보게 만들고, 우리 제품을 성공적으로 소개하기 위해서다.

유용한 팁 YES SET 노하우

설득을 위한 글쓰기 중에 YES SET이라는 노하우가 있다. 어떤 사람이 한 번 찬성하고 나면 그 뒤에 이어져 나오는 질문에도 찬성하는 심리효과를 이용한 방법이다. 이를 위해서는 Yes 또는 No로만 답변하는 폐쇄형 질문을 던져야 하고, 첫 질문에는 반드시 Yes가 나오도록 순서를 정해야 한다.

❶ 탈모 때문에 고민이 많지? YES!
❷ 걷잡을 수 없이 문제가 커지기 전에 미리 관리할 방법이 있다면 좋겠지? YES!
❸ 매일 머리에 영양을 주는 습관이 생기면 좋을 것 같아. YES!
❹ 여기 정말 효과 좋은 탈모 샴푸가 있어.

탈모인에게 질문 ❶과 질문 ❷에 모두 예스를 얻을 수 있겠지만 ❶은 탈모인 모두가 동의할 보편적 문제다. 이런 방식으로 YES SET을 만들어서 제품을 구매하게 만든다.

차별화 기능 gif

문제 제기를 한 후에는 제품의 차별화된 기능을 보여서 문제를 해소해줘야 한다. 우리 제품만의 차별화된 기능을 제시하는 게 중요하기 때문에, 기존 제품과 비교하는 방식으로 많이 진행한다.

인증

크라우드 펀딩 플랫폼에서 처음 브랜드를 프로모션하는 경우라면, 브랜드에 대한 신뢰도가 낮은 상황이다.

◀ 스토리형 상세페이지 인증 예시

이때는 미리 진행한 시험성적서나 제품의 품질을 보여줄 수 있는 인증 단계를 넣어서 브랜드의 신뢰도를 높여 주어야 한다. 제품을 구매하는 고객이 테스터라는 느낌이 들지 않도록 말이다.

콜투액션

크라우드 펀딩 플랫폼은 얼리버드 혜택이 있어서 구매하는 고객에게 비용 할인 혜택을 제공할 수 있다. 얼리버드 혜택은 크라우드 펀딩에서 소수의 인원에게 선착순으로 제공하는 주문 옵션을 말한다. 제품의 구매자가 다른 구매자들보다 펀딩에 더 빨리 참여함으로써 좀 더 저렴하게, 또는 풍성한 구성으로 제품을 구매할 수 있는 것이다.

◀ 스토리형 상세페이지 콜투액션 예시

일반 스토어는 판매량을 판매자만 확인할 수 있다. 그러나 크라우드 펀딩은 펀딩 성공률을 누구나 확인할 수 있다. 많은 사람이 펀딩에 참여하면 인기가 많다는 그 이유만으로 펀딩이 더 잘될 수 있다. 많은 사람이 구매하는 데에는 다 이유가 있겠지, 하는 것이다. 플랫폼에서는 이미 검증된 프로젝트, 성공할 프로젝트들을 웹페이지 메인에 띄운다. 판매에 가속도가 붙는 셈이 된다. 그래서 판매자들은 초반 판매량을 높이기 위해 얼리버드 혜택을 활용한다. 얼리버드를 통해서만 얻을 수 있는 혜택을 구성해서 강조한다면, 초반 판매량을 높일 수 있을 것이다. 이를 충분히 활용해서 펀딩을 광고하자.

공감

공감 단계에서는 이 제품이 어떻게 하다가 세상에 나오게 됐는지 표현해야 한다. 얼마나 진정성 있게 브랜드를 운영해왔는지 표현하는 게 중요한데, 이때 브랜드를 앞세우기보다는 창작자의 경험과 지식을 앞세워서 표현해야 고객들의 인상에 더 깊이 남을 수 있다.

피부와 관련된 화장품을 판매할 때 창작자 본인이 피부 트러블을 오랫동안 앓아왔다는 사실을 어필하면 어떨까? 고객은 본인의 이슈를 해결하기 위해 제품을 만들었으니 아무래도 더 좋은 기능성 화장품이지 않을까, 하는 생각을 할 것이다. 또는 그 제품을 제작하기 위해서 어떤 노력을 기울였는지를 표현해야 한다.

예를 들어 환경 같은 특정 사회 이슈와 관련된 제품을 개발하고 있다면, 그 이슈와 관련한 SNS 활동 이력을 소개하는 방식으로 이 제품에 대한 진정성을 보여줄 수 있다. 본인이 팔고자 하는 상품을

◀ 스토리형 상세페이지 공감 예시

오랫동안 사용했다면 그 점을 강조해서 진정성을 나타낼 수 있을 것이다.

판매 관리

제품을 구매하고 나면 어떻게 전달되는지에 대해서 설명한다. 이 단계는 상세페이지 기본 구조와는 다르게 실질적으로 빠른 배송이 불가능한 경우가 많다. 크라우드 펀딩은 펀딩이 끝난 후에야 배송 정보를 받아 전달해줄 수 있기 때문이다. 그래서 크라우드 펀딩 사이트 내의 고객들은 내 제품이 빠르게 도착하는 것보다 '안전하게' 도착하는 것을 원하는 경우가 많다. 그렇기 때문에 제품이 어떻게 고객에게 전달되는지 설명이 필요하다.

'제품을 만들어서 고객들에게 전달한다'라고 짧게 설명할 수 있지만, 이 내용을 커뮤니티에서 더 구체적으로 서술해주는 것이다. 제품 MVP 개발 완료, 패키지를 디자인 완료, 상품 검수 진행 등으로 과정을 쪼개어 구체적으로 쓰면, 구매하는 고객 입장에서 합리적으로 이해할 수 있다. 이 방법과 함께 제품의 제작 과정을 고객과 공유할 수 있는 커뮤니티 탭을 사용하는 것이 가장 효과적이다.

◀ 스토리형 상세페이지 판매 관리 예시

여기서 상세페이지는 마무리되지만, 차별화 기능 gif 단계의 경우 상세페이지 곳곳에서 중복되어 쓰이기도 한다. 제품의 기능이 많은 경우도 있지만, 같은 내용이더라도 꼭 강조하고 싶으면 또 삽입하는 것이다. 고객이 너무 지루하게 느끼지 않게끔 조절하는 것이 필요하다.

지금까지 크라우드 펀딩에 주로 쓰이는 스토리형 상세페이지를 소개했지만, 다른 곳에서 쓰이는 상세페이지 형태도 충분히 변형하며 제작할 수 있다. 예를 들면 우리가 파는 제품이 계절성이나 이슈를 많이 타는 제품이라면 앞부분에 문제 단계를 배치한다. 브랜드의 전략에 맞게끔 단계 내용을 변경해가면서 작업하면 된다. 우리 브랜드는 어느 단계와 연관이 깊은가? 어떤 부분을 고객들이 가장 궁금해 하는가를 기준으로 조금씩 변형해나간다.

에필로그

경험하며 배우게 되는 것들

이렇게 상세페이지에 관해 설명한 책을 마지막 장까지 읽은 분들이 얼마나 될까? 책을 사겠다고 마음먹고, 책을 펴고, 책을 넘긴 사람을 확률로 따져봤을 때 그리 높지 않을 것이다. 그래서 이 글을 읽는 독자분들께 감사와 응원의 마음을 보내고 싶다.

앞선 프롤로그에서 전환율에 대해서 설명한 바가 있다. 사람들이 아무리 많이 유입되더라도 구매로 이어지지 않으면, 그러니까 전환율이 0이라면 결과물은 0이 된다고 설명했다. 이것에 빗대어서 다음 미션을 드리고 싶다. 판매에 변화를 몰고 오려면, 이 책을 읽는 것에서 그치지 않고 실전에 적용해야만 한다. 책을 덮고, 컴퓨터를 켜고, 상세페이지에 직접 적용해야만 판매량에 변화가 생긴다.

처음엔 자료조사, 기획, 카피, 사진 촬영까지 다양한 일을 하기에 부담을 느낄지도 모른다. 하지만 여기까지 와도 실제 작업물에 노하우가 반영되지 않으면 효과는 0이다. 하지만 아무리 조금이라도 얼마의 귀찮음을 감수한다면 변화는 시작된다.

사람은 경험한 만큼 성장한다. 실제로 부딪쳐야만, 알 수 있는 지식이 있다. 이 일을 중요하게 생각하는 사람과 그렇지 않은 사람은 천지 차이다. 중요하다는 것을 알고 있는 사람과 실제 현장에 나가 배운 사람은 현격히 다르다. 그냥 알고 있는 것과 실제로 배운 것은 지식의 양이 다르기 때문이다.

고객을 만나 CS의 어려움들과 필자가 미처 알지 못했던 제품의 하자들, 광고를 진행하면서 알게 된 유입 통로들까지 여러 상황을 접했다. 카테고리와 제품이 모두 각각 달라서 반드시 경험해야만 알 수 있는 내용들이 기다리고 있다. 이 책을 읽는 여러분은 모두 다른 제품을 판매하고 있을 테니, 카테고리별로 특징이나 노하우를 얻을 수 있다.

그러고 나면 상세페이지를 레벨업할 수 있는 방향이 또 눈에 띌 것이다. 리뷰를 보충해주고 더 효과가 좋은 콜투액션 이벤트를 진행할 것이다. 제품의 가짓수가 늘어나게 되면 제품끼리 연관 지어 옵션을 늘리는 방법이 생각날지도 모른다. 그 뒤에도 많은 스텝이 있겠지만, 일단 변화를 시작하고 나면 판매에 재미가 붙는다. 지금까지 봐왔던 정말 많은 판매자가 그래왔다.

그러니 여기까지 온 독자분들이 앞으로 한 발짝 더 나아가 판매량 상승을 직접 경험해보시길 바란다.

상세페이지의 9+1 전략

초 판 1쇄 발행 | 2023년 3월 31일

지은이 | 나재영
펴낸이 | 이은성
펴낸곳 | e비즈북스
편 집 | 홍순용
교 정 | 황서린
디자인 | 이윤진

주 소 | 서울시 종로구 창덕궁길 29-38, 4-5층
전 화 | (02)883-9774
팩 스 | (02)883-3496
메 일 | ebizbooks@naver.com
등록번호 | 제2021-000133호

ISBN 979-11-5783-288-0 03320

e비즈북스는 푸른커뮤니케이션의 출판 브랜드입니다.